ACCESO GRATIS *a la Lectura en la Nube*

Para visualizar el libro electrónico en la nube de lectura envíe junto a su nombre y apellidos una fotografía del código de barras situado en la contraportada del libro y otra del ticket de compra a la dirección:

ebooktirant@tirant.com

En un máximo de 72 horas laborales le enviaremos el código de acceso con sus instrucciones.

Compendio de Legislación Municipal de Chile

Legislación de Tránsito

Procedimiento de selección de originales, ver página web:
www.tirant.net/index.php/editorial/procedimiento-de-seleccion-de-originales

Compendio de Legislación Municipal de Chile

Legislación de Tránsito

Incluye índices temático y analítico

Equipo de redacción Editorial Tirant lo Blanch

tirant lo blanch
Valencia, 2024

EDITA: TIRANT LO BLANCH
C/ Artes Gráficas, 14 - 46010 - Valencia
Telfs.: 96/361 00 48 - 50
Fax: 96/369 41 51
Email: tlb@tirant.com
www.tirant.com
Librería virtual: https://editorial.tirant.com/cl
ISBN: 978-84-1071-161-7

Índice temático

DECRETO CON FUERZA DE LEY 1

FIJA TEXTO REFUNDIDO, COORDINADO Y SISTEMATIZADO DE LA LEY DE TRÁNSITO

MINISTERIO DE TRANSPORTES Y TELECOMUNICACIONES; SUBSECRETARÍA DE TRANSPORTES; MINISTERIO DE JUSTICIA; SUBSECRETARÍA DE JUSTICIA

Fecha Publicación: 29-OCT-2009 | Fecha Promulgación: 27-DIC-2007

Tipo Versión: Última Versión De: 10-NOV-2023 Inicio Vigencia: 10-NOV-2023

Fin Vigencia: Evento pendiente

Ultima Modificación: 11-SEP-2023 Ley 21601

Url Corta: https://bcn.cl/3f03u

TIENE TEXTO DIFERIDO

Con Vigencia Diferida por Evento - La ley 21549 introdujo modificaciones a los artículos 4, 170 y 211 de esta ley, las cuales entrarán en vigor transcurridos noventa días desde la publicación en el Diario Oficial del último de los reglamentos a que hace referencia el artículo segundo transitorio del citado cuerpo legal.
Las modificaciones introducidas a la presente norma por la ley 21659 publicada el 21.03.2024, comenzarán a regir seis meses después de la publicación en el Diario Oficial del último de sus reglamentos complementarios, conforme a lo dispuesto en su artículo primero transitorio.

DFL Nº 1.- Santiago, 27 de diciembre de 2007.- Vistos: Lo dispuesto en el artículo 64 de la Constitución Política de la República, y

CONSIDERANDO:

1.- Que en el artículo 64 inciso 5º de la Constitución Política de la República, se faculta al Presidente de la República a fijar el texto refundido, coordinado y sistematizado de las leyes cuando sea conveniente para su mejor ejecución.

2.- La necesidad de refundir, coordinar y sistematizar el citado cuerpo legal. Decreto con fuerza de ley:

1.- Fíjase el siguiente texto refundido, coordinado y sistematizado de la Ley Nº 18.290, sobre Tránsito:

TÍTULO PRELIMINAR
(Arts. 1-4)

Artículo 1.- A la presente ley quedarán sujetas todas las personas que como peatones, pasajeros o conductores de cualquiera clase de vehículos, usen o transiten por los caminos, calles, ciclovías y demás vías públicas, rurales o urbanas, caminos vecinales o particulares destinados al uso público, de todo el territorio de la República.

Asimismo se aplicarán estas normas, en lo que fueren compatibles, en aparcamientos y edificios de estacionamiento y demás lugares de acceso público.

Ley 21088
Art. 1 N° 1
D.O. 10.05.2018

Artículo 2.- Para todos los efectos de esta ley, las palabras o frases que se indican a continuación, tendrán el siguiente significado:

1) Acera: Parte de una vía destinada al uso de peatones;

Ley 18.290
Art. 1
D.O. 07.02.1984

2) Adelantamiento: Maniobra efectuada por el costado izquierdo del eje de la calzada, mediante la cual un vehículo se sitúa delante de otro u otros que le antecedían;

Ley 18.290
Art. 2
D.O. 07.02.1984

3) Aparato sonoro: Mecanismo de tipo manual o eléctrico que emite sonido;

Ley 18.290
Art. 2
D.O. 07.02.1984

4) Avenida o calle: Vía urbana destinada a la circulación de los peatones, de los vehículos y de los animales;

Ley 18.290
Art. 2
D.O. 07.02.1984

5) Berma: Faja lateral, pavimentada o no, adyacente a la calzada de un camino;

Ley 18.290
Art. 2
D.O. 07.02.1984

6) Bicicleta: Ciclo de dos ruedas cuyos pedales transmiten el movimiento a la rueda trasera, generalmente por medio de un plato, un piñón y una cadena;

Ley 18.290
Art. 2
D.O. 07.02.1984

7) Calzada: Parte de una vía destinada al uso de vehículos y animales;

Ley 18.290
Art. 1. N°2 a)
D.O. 10.05.2018

8) Camino: Vía rural destinada al uso de peatones, vehículos y animales;

Ley 18.290
Art. 2
D.O. 07.02.1984

9) Ciclo: Vehículo no motorizado de una o más ruedas, propulsado exclusivamente por una o más personas situadas en él, tales como bicicletas y triciclos. También se considerarán ciclos aquellos vehículos de una o más ruedas que cuenten con un motor auxiliar eléctrico, de una potencia nominal continua máxima de 0,25 kilowatts, en los que la alimentación es reducida o interrumpida cuando el vehículo alcanza una velocidad máxima de 25 kilómetros por hora o antes si el ciclista termina de pedalear o propulsarlo, los que se considerarán para los efectos de esta ley como vehículos no motorizados;

Ley 21088
Art. 1 N°2 b)
D.O. 10.05.2018

10) Ciclovía: Espacio destinado al uso exclusivo de bicicletas y otros ciclos, que puede estar segregada física o visualmente, según las características y clasificaciones que se definan mediante reglamento;

Ley 18.290
Art. 2
D.O. 07.02.1984

11) Conductor: Toda persona que conduce, maneja o tiene control físico de un vehículo motorizado en la vía pública; que controla o maneja un vehículo remolcado por otro; o que dirige, maniobra o está a cargo del manejo directo de cualquier otro vehículo, de un animal de silla, de tiro o de arreo de animales;

Ley 21088
Art. 1 N°2 c), i), ii)
D.O. 10.05.2018

Ley 21088
Art. 1 N°1 a)
D.O. 10.12.2005

12) Cruce: La unión de una calle o camino con otros, aunque no los atraviese. Comprende todo el ancho de la calle o camino entre las líneas de edificación o deslindes en su caso;

Ley 18.290
Art. 2
D.O. 07.02.1984

13) Cruce de ferrocarriles: Intersección de una calle o camino con una vía férrea por la cual existe tráfico regular de trenes;

Ley 18.290
Art. 2
D.O. 07.02.1984

14) Cruce regulado: Aquel en que existe semáforo funcionando normalmente, excluyendo la intermitencia; o hay Carabinero dirigiendo el tránsito;

Ley 20.068
Art. 1. N° 1 a)
D.O. 10.12.2005

15) Cuneta: En calles, el ángulo formado por la calzada y el plano vertical producido por diferencia de nivel entre calzada y acera. En los caminos, el foso lateral de poca profundidad;

Ley 18.290
Art. 2

D.O. 07.02.1984

16) Chasis: Armazón del vehículo, que comprende el bastidor, ruedas, transmisión con o sin motor, excluida la carrocería y todos los accesorios necesarios para acomodar al conductor, pasajeros o carga;

Ley 18.290
Art. 2
D.O. 07.02.1984

17) Demarcación: Símbolo, palabra o marca de preferencia longitudinal o transversal, sobre la calzada para guía del tránsito de vehículos y peatones;

Ley 18.290
Art. 2
D.O. 07.02.1984

18) Derecho preferente de paso: Prerrogativa de un peatón o conductor de un vehículo para proseguir su marcha;

Ley 18.290
Art. 2
D.O. 07.02.1984

19) Detención: Paralización a que obligan los dispositivos de señalización del tránsito o las órdenes de los funcionarios encargados de su regulación, como asimismo, la paralización breve de un vehículo para recibir o dejar pasajeros, pero sólo mientras dure esta maniobra;

Ley 18.290
Art. 2
D.O. 07.02.1984

20) Eje de calzada: La línea longitudinal a la calzada, demarcada o imaginaria, que determinará las áreas con sentido de tránsito opuesto de la misma; al ser imaginaria, la división es en dos partes iguales;

Ley 18.290
Art. 2
D.O. 07.02.1984

21) Esquina: El vértice del ángulo que forman las líneas de edificación o deslinde convergentes, según sea el caso;

Ley 18.290
Art. 2
D.O. 07.02.1984

22) Estacionamiento o aparcamiento: Lugar permitido por la autoridad para estacionar;

Ley 18.290
Art. 2
D.O. 07.02.1984

23) Estacionar: Paralizar un vehículo en la vía pública con o sin el conductor, por un período mayor que el necesario para dejar o recibir pasajeros;

Ley 18.290
Art. 2
D.O. 07.02.1984

24) Guarda - cruzada: Encargado de la vigilancia de un cruce de ferrocarril;

Ley 18.290
Art. 2
D.O. 07.02.1984

25) Homologación: Procedimiento mediante el cual se certifica que un modelo de vehículo motorizado cumple las normas técnicas vigentes emanadas del Ministerio de Transportes y Telecomunicaciones;

Ley 18.290
Art. 2
D.O. 07.02.1984

26) Intersección: Área común de calzadas que se cruzan o convergen;

Ley 20.068
Art. 1 N° 1 c)
D.O. 10.12.2005

27) Licencia de conductor: Documento que la autoridad competente otorga a una persona para conducir un vehículo motorizado o a tracción animal;

Ley 19.495
Art. 1 N°2
D.O. 08.03.1997

28) Línea de detención de vehículos: La línea transversal a la calzada, demarcada o imaginaria, antes de una intersección o un paso para peatones, que no debe ser sobrepasada por los vehículos que deban detenerse. Si no estuviera demarcada, se entiende que está:

Ley 18.290
Art. 2
D.O. 07.02.1984

a) en cruces regulados y pasos para peatones, a no menos de un metro antes de éstos, y

Ley 21.088
Art. 1 N° 2 d)
D.O. 10.05.2018

b) en otros cruces, justo antes de la intersección;

Ley 18.290
Art. 2
D.O. 07.02.1984

Ley 18.290
Art. 2
D.O. 07.02.1984

29) Línea de detención adelantada: Línea transversal a la calzada demarcada conforme al reglamento, antes de un cruce regulado con semáforo, que determina el inicio de la zona de espera especial para conductores de ciclos o motocicletas;

Ley 20.068
Art. 1 N° 1 b)
D.O. 10.12.2005

30) Línea de edificación: La formada por el deslinde de la propiedad con la acera;

Ley 21.088
Art. 1 N° 2 e)
D.O. 10.05.2018

31) Locomoción colectiva: El servicio remunerado de transporte de personas en vehículos destinados al uso público;

Ley 18.290
Art. 2
D.O. 07.02.1984

32) Luz baja: Luz proyectada por los focos delanteros del vehículo en que el borde superior del haz luminoso es paralelo a la calzada y cuya potencia permite visualizar obstáculos a una distancia no inferior a 50 metros;

Ley 18.290
Art. 2
D.O. 07.02.1984

33) Luz alta: Luz proyectada por los focos delanteros del vehículo en forma paralela a la calzada, cuya potencia permite visualizar obstáculos a una distancia no inferior a 150 metros;

Ley 18.290
Art. 2
D.O. 07.02.1984

34) Luz de estacionamiento: Luz continua o intermitente que permite identificar un vehículo estacionado;

Ley 18.290
Art. 2
D.O. 07.02.1984

Ley 18.290
Art. 2
D.O. 07.02.1984

35) Padrón o permiso de circulación: Documento otorgado por la autoridad, destinado a individualizar al vehículo y a su dueño con el objeto de que pueda circular por las vías públicas;

Ley 18.290
Art. 2
D.O. 07.02.1984

36) Paso para peatones: La senda de seguridad en la calzada, señalizada conforme al reglamento. En cruces regulados no demarcados, corresponderá a la franja formada por la prolongación imaginaria de las aceras;

Ley 18.290
Art. 2
D.O. 07.02.1984

37) Pista de circulación: Faja demarcada o imaginaria destinada al tránsito de una fila de vehículos;

Ley 18.290
Art. 2
D.O. 07.02.1984

38) Pista de uso exclusivo: Espacio de la calzada debidamente señalizado, destinado únicamente al uso de ciertos vehículos, determinados por la autoridad correspondiente;

Ley 18.290
Art. 2

D.O. 07.02.1984

39) Placa patente: Distintivo que permite individualizar al vehículo;

Ley 18.290
Art. 2
D.O. 07.02.1984

Ley 20.068
Art. 1 N° 1 b)
D.O. 10.12.2005

40) Semáforo: Dispositivo luminoso mediante el cual se regula la circulación de vehículos y peatones;

Ley 18.290
Art. 2
D.O. 07.02.1984

41) Señal de tránsito: Los dispositivos, signos y demarcaciones oficiales, de mensaje permanente o variable, instalados por la autoridad con el objetivo de regular, advertir o encauzar el tránsito;

Ley 20.068
Art. 1 N° 1 a)
D.O. 10.12.2005

42) Sobrepasar: Maniobra mediante la cual un vehículo pasa a otro u otros que circulan en el mismo sentido sin traspasar el eje de la calzada;

Ley 18.290
Art. 2
D.O. 07.02.1984

43) Taxi: Automóvil destinado públicamente al transporte de personas;

Ley 18.290
Art. 2
D.O. 07.02.1984

44) Tránsito: Desplazamiento de peatones, animales o vehículos por vías de uso público;

Ley 18.290
Art. 2
D.O. 07.02.1984

45) Triciclo motorizado de carga: Vehículo motorizado de tres ruedas destinado exclusivamente al transporte de carga. La capacidad de carga de estos vehículos no podrá superar los 300 kilogramos de peso.

Ley 18.290
Art. 2
D.O. 07.02.1984

Ley 20.068
Art. 1 N° 1 b)
D.O. 10.12.2005

Ley 18.290
Art. 2
D.O. 07.02.1984

Ley 18.290
Art. 2
D.O. 07.02.1984

Ley 21.088
Art. 1 N° 2 f)
D.O. 10.05.2018

46) Vehículo: Medio motorizado o no motorizado con el cual, sobre el cual o por el cual toda persona u objeto puede transportarse o ser transportado por una vía. Quedan excluidas de esta definición aquellas ayudas técnicas que permitan a personas con movilidad reducida o infantes, transportarse o ser transportados, tales como sillas de ruedas, motorizadas o no, coches para bebé y otros similares;

Ley 21.088
Art. 1 N° 2 g)
D.O. 10.05.2018

47) Vehículo de emergencia: El perteneciente a Carabineros de Chile e Investigaciones, al Cuerpo de Bomberos, a las brigadas forestales de la Corporación Nacional Forestal, a las Fuerzas Armadas, al Servicio de Seguridad, Salvamento y Extinción de Incendios de la Dirección General de Aeronáutica Civil y las ambulancias de las instituciones fiscales o de los establecimientos particulares que tengan el respectivo permiso otorgado por la autoridad competente;

Ley 18.290
Art. 2
D.O. 07.02.1984

Ley 21.416
Art. único N°1
D.O. 14.02.2022

48) Vehículo de locomoción colectiva: Vehículo motorizado, destinado al uso público, para el transporte remunerado de personas, exceptuados los taxis que no efectúen servicio colectivo;

Ley 20.908
Art. 3
D.O. 20.04.2016

Ley 18.290
Art. 2
D.O. 07.02.1984

49) Vehículo para el transporte escolar: Vehículo motorizado construido para transportar más de siete pasajeros sentados y destinado al transporte de escolares desde o hacia el colegio o relacionado con cualquiera otra actividad;

Ley 18.290
Art. 2
D.O. 07.02.1984

50) Vehículo tranvía: Vehículo motorizado destinado al transporte público remunerado de pasajeros, que se desplaza en zonas urbanas exclusivamente a través de rieles sobre la vía.

Ley 20.877
Art. 3 N°1
D.O. 30.11.2015

51) Vía: Calle, camino u otro lugar destinado al tránsito;

Art. 2
D.O. 07.02.1984

52) Vía de tránsito restringido: Aquella en que los conductores, los propietarios de los terrenos adyacentes u otras personas no tienen derecho a entrar o salir, sino por los lugares y bajo las condiciones fijadas por la autoridad competente;

Ley 18.290
Art. 2
D.O. 07.02.1984

53) Zona de espera especial: Área señalizada conforme al reglamento, que permite a los conductores de ciclos o motocicletas detenerse y reiniciar su marcha delante de otros vehículos motorizados, en un cruce regulado con semáforo;

Ley 21.088
Art. 1 N° 2 h)
D.O. 10.05.2018

54) Zona de tránsito calmado: Vía o conjunto de vías emplazadas en zonas urbanas, definidas dentro de una determinada área geográfica, en las que a través de condiciones físicas u operacionales de las vías se establecen velocidades máximas de circulación inferiores a las establecidas en esta ley, pudiendo éstas ser de 40 kilómetros por hora, 30 kilómetros por hora o 20 kilómetros por hora;

55) Vía exclusiva: Calzada debidamente señalizada, destinada únicamente al uso de ciertos vehículos, determinados por la autoridad correspondiente;

Ley 18.290
Art. 2
D.O. 07.02.1984

56) Zona rural: Área geográfica que excluye las zonas urbanas, y

Ley 20.068
Art. 1 N° 1 a)
D.O. 10.12.2005

57) Zona urbana: Área geográfica cuyos límites, para los efectos de esta ley, deben estar determinados y señalizados por las Municipalidades.

Ley 18.290
Art. 2
D.O. 07.02.1984

Ley 18.290
Art. 2
D.O. 07.02.1984

Artículo 3.- Las Municipalidades dictarán las normas específicas para regular el funcionamiento de los sistemas de tránsito en sus respectivas comunas.

Dos o más Municipalidades podrán acordar medidas o atender servicios de interés común en las materias a que se refiere el inciso anterior.

Ley 18.290
Art. 2
D.O. 07.02.1984

Tales normas serán complementarias de las emanadas del Ministerio de Transportes y Telecomunicaciones, no pudiendo contemplar disposiciones contradictorias con las establecidas por dicho Ministerio.

Las Municipalidades, en caso alguno, podrán dictar normas destinadas a modificar la descripción de las infracciones establecidas en la presente ley, su calificación y la penalidad que para ellas se señala, ni aún a pretexto que el hecho no se encuentra descrito en ella.

Ley 18.931
Art. 1 N° 1
D.O. 15.02.1990

La **Ley 21549, Art. 23 N° 1, a) y b), D.O. 10.04.2023** modificó este **Artículo**, lo que depende del siguiente evento para que entre en vigencia: **La ley 21549 introdujo modificaciones a los artículos 4, 170 y 211 de esta ley, las cuales entrarán en vigor transcurridos noventa días desde la publicación en el Diario Oficial del último de los reglamentos a que hace referencia el artículo segundo transitorio del citado cuerpo legal.**

Artículo 4.- Carabineros de Chile y los Inspectores Fiscales y Municipales serán los encargados de supervigilar el cumplimiento de las disposiciones a que se refiere la presente ley, sus reglamentos y las de transporte y tránsito terrestre que dicte el Ministerio de Transportes y Telecomunicaciones o las Municipalidades, debiendo denunciar, al Juzgado que corresponda, las infracciones o contravenciones que se cometan. Asimismo, fiscalizarán el cumplimiento de las normas sobre jornada de trabajo de los conductores de vehículos destinados al servicio público de pasajeros o de carga, contenidas en el Código del Trabajo, y denunciarán su incumplimiento a la Inspección del Trabajo correspondiente al domicilio del empleador.

Con la finalidad de hacer más eficaces las labores de supervigilancia de las disposiciones de transporte y tránsito, las personas señaladas en el inciso anterior podrán cumplir dichas labores manteniendo en reserva su identificación. Con todo, para efectuar el control, cursar la infracción y efectuar la denuncia ante el juzgado competente y solicitar la documentación respectiva al infractor, deberán identificarse en su calidad funcionaria.

Ley 18.290
Art. 2
D.O. 07.02.1984

Ley 19.171
Art. 2° a)
D.O. 23.10.92

Para los efectos de lo dispuesto en los incisos precedentes, podrán utilizarse equipos de registro y de detección de infracciones, en la forma que determine el Ministerio de Transportes y Telecomunicaciones.

Ley 19.495
Art. 1° N° 2
D.O. 08.03.1997

Los equipos de registro de infracciones podrán consistir en películas cinematográficas, fotográficas, fonográficas u otras formas de reproducción de la imagen y del sonido y, en general, en medios aptos para producir fe.

Ley 20.068
Art. 1° N° 2
D.O. 10.12.2005

Ley 21.083
Art. 1 N° 1 a)
D.O. 05.04.2018

Las normas de tránsito cuyo cumplimiento se fiscalice mediante el uso de los equipos antes mencionados deberán estar señalizadas de conformidad a las disposiciones del Manual de Señalización de Tránsito, cuando corresponda.

Ley 21.083
Art. 1 N° 1 a)
D.O. 05.04.2018

Ley 18.290
Art. 2
D.O. 07.02.1984

Ley 19.676
Art. 2 N° 1
D.O. 29.05.2000

El reglamento, que se expedirá por intermedio del Ministerio de Transportes y Telecomunicaciones, contemplará los estándares técnicos que tales equipos deberán cumplir en resguardo de su confiabilidad y certeza, y establecerá las condiciones en que han de ser usados para que las imágenes u otros elementos de prueba que de ellos se obtengan puedan servir de base para denunciar infracciones o contravenciones. Entre estas últimas, dispondrá especialmente la existencia de señales de tránsito que adviertan con claridad y en forma oportuna a los conductores o pasajeros los sectores o vehículos en que se usan estos equipos. Cuando éstos se utilicen para controlar vehículos, se adoptarán las medidas necesarias para asegurar el respeto y protección a la vida privada, tales como la prohibición de que las imágenes permitan individualizar a los ocupantes de los vehículos.

Ley 19.816
Art. 1° a)
D.O. 07.08.2002

Ley 18.290
Art. 4
D.O. 07.02.1984

Ley 19.676
Art. 2 N°1
D.O. 29.05.2000

Ley 18.290
Art. 4
D.O. 07.02.1984

Ley 19.676
Art. 2 N°1
D.O. 29.05.2000

Ley 21.083
Art. 1 N° 1 c)
D.O. 05.04.2018

Los equipos que se utilicen para registrar y detectar las infracciones de evasión contenidas en el número 4 del artículo 199 y en el número 42 del artículo 200 permitirán la individualización de los pasajeros infractores. El Ministerio de Transportes y Telecomunicaciones estará facultado para tratar la información que obtenga mediante el uso de estos equipos con la finalidad de cursar las respectivas infracciones y efectuar las citaciones al juzgado de policía local competente. Asimismo, podrá emplear la información recogida para mejorar la calidad de los servicios de transporte público, incrementar la eficiencia y eficacia de los controles de fiscalización, y efectuar el levantamiento, clasificación, comparación y análisis de información estadística agregada.

Ley 21.083
Art. 1 N° 1 d)
D.O. 05.04.2018

Los equipos de registro y detección de infracciones relativas a velocidad y luz roja sólo podrán ser operados por Carabineros de Chile, y por los inspectores fiscales designados por el Ministerio de Obras Públicas, en el caso de las plazas de peaje, operación de túneles y en los tramos en que se estén realizando obras de reparación y mantención de caminos públicos construidos y explotados al amparo del decreto supremo N° 900, del Ministerio de Obras Públicas, de 1996, que fijó el texto refundido, coordinado y sistematizado del decreto con fuerza de ley N° 164, del Ministerio de Obras Públicas, de 1991, Ley de Concesiones de Obras Públicas.

Ley 18.290
Art. 4
D.O. 07.02.1984

Ley 19.676
Art. 2 N° 1
D.O. 29.05.2000

El juez de policía local sólo admitirá a tramitación la denuncia basada en los señalados medios probatorios luego de cerciorarse de que éstos se obtuvieron por los respectivos carabineros o inspectores fiscales usando un equipo de registro de infracciones con sujeción al reglamento. Al efecto, podrá estimar suficiente comprobación el certificado que expida el jefe de la correspondiente unidad policial, el director del tránsito o el inspector fiscal del Ministerio de Transportes y Telecomunicaciones y se acompañe a la denuncia.

Ley 18.290
Art. 4
D.O. 07.02.1984

Ley 19.816
Art. 1° letra b)
D.O. 07.08.2002

Ley 21.083
Art. 1 N° 1 e)
D.O. 05.04.2018

En todo caso, si la denuncia por supuesta infracción o contravención a las normas de tránsito se funda únicamente en alguno de dichos medios de prueba y, entre la fecha en que se habría cometido y aquélla en que se notificó la citación al juzgado de policía local a la persona a cuyo nombre esté inscrito el vehículo o al pasajero infractor, según corresponda, transcurrieren más de cuarenta y cinco días, no podrá continuar el procedimiento y el juez ordenará el archivo de los antecedentes.

Ley 18.290

Art. 4
D.O. 07.02.1984

Ley 19.676
Art. 2 N°1
D.O. 29.05.2000

Ley 19.816
Art. 1 letra C)
D.O. 07.08.2002

Ley 21.083
Art. 1 N° 1 f)
D.O. 05.04.2018

Ley 18.290
Art. 4
D.O. 07.02.1984

Ley 19.676
Art. 2 N° 1
D.O. 29.05.2000

TÍTULO I
DE LOS CONDUCTORES Y DE LAS LICENCIAS
(Arts. 5-29)

Artículo 5.- Ninguna persona podrá conducir un vehículo motorizado o a tracción animal, sin poseer una licencia expedida por el Director del Departamento de Tránsito y Transporte Público Municipal de una Municipalidad autorizada al efecto; o un permiso provisional que los Tribunales podrán otorgar sólo a los conductores que tengan su licencia retenida por proceso pendiente; o una boleta de citación al Juzgado, dada por los funcionarios a que se refiere el artículo 4° en reemplazo de la licencia o del permiso referido; o una licencia o permiso internacional vigente para conducir vehículos motorizados, otorgado al amparo de tratados o acuerdos internacionales en que Chile sea parte.

Los nacionales de otros países, que permanezcan en calidad de turistas en Chile, podrán conducir un vehículo motorizado durante el plazo de la respectiva autorización de turismo, portando la licencia vigente de conductor, otorgada según las leyes de su país, que sea equivalente a la Licencia No Profesional Clase B contemplada en el artículo 12.

Ley 18.290
Art. 5
D.O. 07.02.1984

En uso de sus atribuciones el tribunal competente podrá exigir la presentación de una traducción oficial de la licencia del extranjero.

Ley 20.046
Art. Único N°1 a)
D.O. 30.09.2005

Los documentos antes indicados otorgados en el país, son instrumentos públicos.

Ley 20.046
Art. Único N°1 b)
D.O. 30.09.2005

Se exceptúa de la exigencia establecida en el inciso primero de este artículo a los alumnos en práctica de las escuelas de conductores que, acompañados de un instructor habilitado, lo hagan en vehículos de la escuela, a los postulantes a licencia de conducir que se encuentren realizando el examen práctico acompañados de un funcionario municipal habilitado para tales efectos y a los conductores de 18 o más años de edad que conduzcan vehículos motorizados de tres ruedas, cuya velocidad máxima no supere los 30 kilómetros por hora.

Ley 20.046
Art. Único N°1 b)
D.O. 30.09.2005

Ley 18.290
Art. 51
D.O. 07.02.1984

Ley 21.088
Art. 1 N° 3
D.O. 10.05.2018

Ley 19.495
Art. 1 N° 3
D.O. 08.03.1997

Artículo 6.- Los conductores de vehículos motorizados o a tracción animal, salvo la excepción del artículo anterior, deberán llevar consigo su licencia, permiso o boleta de citación y, requeridos por la autoridad competente, acreditar su identidad y entregar los documentos que los habilitan para conducir.

Asimismo, tratándose de vehículos motorizados, deberán portar y entregar el certificado vigente de póliza de un seguro obligatorio de accidentes, el que deberá ser devuelto, siempre y en el acto, al conductor.

Ley 18.290
Art. 6
D.O. 07.02.1984

Ley 19.495
Art. 1 N°4 a)
D.O. 08.03.1997

Artículo 7.- Se prohíbe al propietario o encargado de un vehículo motorizado o a tracción animal facilitarlo a una persona que no posea licencia para conducirlo.

Ley 19.495
Art. 1 N° 4 b)
D.O. 08.03.1997

Ley 21.088
Art. 1 N° 4 a)
D.O. 10.05.2018

Si se sorprendiere conduciendo un vehículo motorizado o a tracción animal a quien no porte los documentos a que se refiere el artículo anterior, Carabineros podrá retirar el vehículo de circulación para ser puesto a disposición del tribunal competente, para la aplicación de las sanciones que correspondan. Si antes de enviarse el parte al respectivo tribunal, lo que no podrá ocurrir sino pasadas cuarenta y ocho horas, el conductor acredita ante Carabineros poseer la documentación adecuada y vigente, se le devolverá el vehículo, cursándose la infracción correspondiente.

Ley 18.290
Art. 7
D.O. 07.02.1984

Ley 21.088
Art. 1 N°4 b)
D.O. 10.05.2018

Ley 18.290
Art. 7
D.O. 07.02.1984

Artículo 8.- Los propietarios o encargados de vehículos motorizados y a tracción animal no podrán celebrar actos o contratos que impliquen la conducción de esos vehículos por personas que no tengan una licencia vigente para conducir la clase de vehículo de que se trate.

Ley 19.495
Art. 1 N°5
D.O. 08.03.1997

Ley 21.088
Art. 1 N° 5
D.O. 10.05.2018

Si la infracción a esta prohibición fuera cometida por personas o empresas dedicadas a dar en arrendamiento vehículos motorizados, serán sancionadas con la clausura del establecimiento, que no podrá ser inferior a siete días ni superior a quince. En caso de reincidencia, los plazos señalados se elevarán al doble y en caso de una tercera infracción, el Juez decretará la clausura definitiva del establecimiento.

Ley 18.290
Art. 8
D.O. 07.02.1984

Rectificado
D.O. 16.02.1984

Artículo 9.- Las licencias de conductor sólo podrán otorgarse por las Municipalidades que sean autorizadas por resolución del Ministerio de Transportes y Telecomunicaciones y siempre que cumplan los requisitos que señale el reglamento.

Ley 19.495
Art. 1 N° 6
D.O. 08.03.1997

En la misma forma el Ministerio de Transportes y Telecomunicaciones podrá suspender o revocar dichas autorizaciones.

Ley 18.290
Art. 9
D.O. 07.02.1984

Artículo 10.- El Ministerio de Transportes y Telecomunicaciones supervisará que en el otorgamiento de las licencias se cumplan los requisitos establecidos en la presente ley.

Ley 18.290

Art. 10
D.O. 07.02.1984

Ley 19.495
Art. 1 N° 7
D.O. 08.03.1997

Artículo 11.- La persona que desee obtener licencia, deberá solicitarla en la Municipalidad de la comuna donde tenga su residencia. Sin embargo, si ésta no estuviere autorizada para otorgar licencia, el postulante concurrirá a la Municipalidad territorialmente más próxima que estuviere habilitada al efecto.

Ley 18.290
Art. 11
D.O. 07.02.1984

Artículo 12.- Existirán licencias de conductor profesionales, Clase A; no profesionales, Clase B y C; y especiales, Clase D, E y F.

Ley 20.068
Art. 1 N° 3
D.O. 10.12.2005

Clase A:
LICENCIA PROFESIONAL

Ley 18.290
Art. 12
D.O. 07.02.1984

Ley 19.495
Art. 1 N° 8
D.O. 08.03.1997

Habilita para conducir vehículos de transporte de pasajeros, vehículos de carga, ambulancias y carrobombas, pudiendo ser de las siguientes Clases:

Ley 19.495
Art. 1 N° 8
D.O. 08.03.1997

Ley 19.710
Art. 4 N° 1 a)
D.O. 20.01.2001

Ley 18.290
Art. 12
D.O. 07.02.1984

Ley 19.495
Art. 1 N° 8
D.O. 08.03.1997

Ley 21.114
Art. Único
D.O. 04.10.2018

Para el transporte de personas:
Clase A-1: Para conducir taxis.

Clase A-2: Para conducir indistintamente taxis, ambulancias o vehículos motorizados de transporte público y privado de personas con capacidad de diez a diecisiete asientos, excluido el conductor, o de hasta treinta y dos asientos, cuando se haya estado en posesión de esta licencia por, a lo menos, dos años y siempre que el largo del vehículo no exceda los nueve metros.

Clase A-3: Para conducir indistintamente taxis, vehículos de transporte remunerado de escolares, ambulancias o vehículos motorizados de transporte público y privado de personas sin limitación de capacidad de asientos.

Para el transporte de carga:

Clase A-4: Para conducir vehículos simples destinados al transporte de carga cuyo Peso Bruto Vehicular sea superior a 3.500 kilogramos.

Clase A-5: Para conducir todo tipo de vehículos motorizados, simples o articulados, destinados al transporte de carga cuyo Peso Bruto Vehicular sea superior a 3.500 kilogramos.

Clase B y C:
LICENCIA NO PROFESIONAL

Ley 19.710
Art. 4 N° 1 a)
D.O. 20.01.2001

Ley 20.078
Art. Único a)
D.O. 24.11.2005

Clase B: Para conducir vehículos motorizados de tres o más ruedas para el transporte particular de personas, con capacidad de hasta nueve asientos, excluido el del conductor, o de carga cuyo peso bruto vehicular sea de hasta 3.500 kilogramos, tales como automóviles, motocoupés, camionetas, furgones y furgonetas. Estos vehículos sólo podrán arrastrar un remolque cuyo peso no sea superior a la tara de la unidad motriz y siempre que el peso combinado no exceda de 3.500 kilos.

Clase C: Para conducir vehículos motorizados de dos o tres ruedas, con motor fijo o agregado, como motocicletas, motonetas, bicimotos y otros similares.

Ley N° 20.068
Art. 1°
N° 4 a), b) y c)
D.O. 10.12.2005

Ley N° 18.290
Art. 12
D.O. 07.02.1984

Ley N° 19.495
Art. 1° N° 8
D.O. 08.03.1997

Clase D, E y F:
LICENCIA ESPECIAL

Clase D: Para conducir maquinarias automotrices como tractores, sembradoras, cosechadoras, bulldozer, palas mecánicas, palas cargadoras, aplanadoras, grúas, motoniveladoras, retroexcavadoras, traíllas y otras similares.

Clase E: Para conducir vehículos a tracción animal, como carretelas, coches, carrozas y otros similares.

Ley 18.290

Art. 12
D.O. 07.02.1984

Ley N° 19.495
Art. 1° N° 8
D.O. 08.03.1997

Clase F: Para conducir vehículos motorizados de las Fuerzas Armadas, Carabineros de Chile, Policía de Investigaciones de Chile, de Gendarmería de Chile, del Servicio de Seguridad, Salvamento y Extinción de Incendios de la Dirección General de Aeronáutica Civil y Bomberos de Chile.

Ley N° 18.290
Art. 12
D.O. 07.02.1984

Ley N° 19.495
Art. 1° N° 8
D.O. 08.03.1997

Ley N° 19.710
Art. 4° N° 1 letra b)
D.O. 20.01.2001

Ley N° 20.078
Art. Único b)
D.O. 24.11.2005

El Ministerio de Transportes y Telecomunicaciones establecerá, mediante Reglamento, los cursos, exigencias y requisitos especiales que deberá exigir la Academia Nacional de Bomberos a sus postulantes, para otorgarles el certificado que los habilite para solicitar la licencia de conductor clase F.

Ley 21416
Art. único N° 2
D.O. 14.02.2022

Los conductores que posean Licencia Profesional estarán habilitados para guiar vehículos cuya conducción requiera Licencia de la Clase B.

Para conducir vehículos distintos de los que habilita la clase de licencia obtenida, será preciso someterse a los exámenes correspondientes para obtener una nueva licencia, la que reemplazará a la anterior e indicará las clases que comprende.

Ley N° 20.078
Art. Único c)
D.O. 24.11.2005

Para efecto de esta ley, la capacidad de asientos y el peso bruto vehicular, serán los definidos por el fabricante para el respectivo modelo de vehículo. Tratándose de vehículos que presten servicios de transporte remunerado de escolares, la capacidad de asientos será aquella que resulte de aplicar el reglamento de transporte remunerado de escolares, establecido mediante decreto supremo del Ministerio de Transportes y Telecomunicaciones.

Ley N° 18.290
Art. 12
D.O. 07.02.1984

Ley N° 19.495

Art. 1° N° 8
D.O. 08.03.1997

Ley N° 18.290
Art. 12
D.O. 07.02.1984

Ley N° 19.495
Art. 1° N° 8
D.O. 08.03.1997

Ley N° 18.290
Art. 12
D.O. 07.02.1984

Ley N° 19.495
Art. 1° N° 8
D.O. 08.03.1997

Artículo 13.- Los postulantes a licencia de conductor deberán reunir los siguientes requisitos generales:

1) Acreditar idoneidad moral, física y psíquica;

Ley N° 18.290
Art. 13
D.O. 07.02.1984

Ley N° 19.495
Art. 1° N° 9
D.O. 08.03.1997

2) Acreditar conocimientos teóricos y prácticos de conducción, así como de las disposiciones legales y reglamentarias que rigen al tránsito público. Para la conducción de los triciclos motorizados de carga, los conocimientos teóricos se acreditarán mediante un examen simplificado, en los términos que lo establezca el reglamento respectivo del Ministerio de Transportes y Telecomunicaciones;

Ley N° 18.290
Art. 13 N° 1
D.O. 07.02.1984

Ley N° 19.495
Art. 1° N° 9
D.O. 08.03.1997

3) Poseer cédula nacional de identidad o de extranjería vigentes, con letras o dígitos verificadores;

Ley 21088
Art. 1 N° 6 a)
D.O. 10.05.2018

4) Acreditar, mediante declaración jurada, que no es consumidor de drogas, estupefacientes o sustancias sicotrópicas prohibidas que alteren o modifiquen la plenitud de las capacidades físicas o síquicas, conforme a las disposiciones contenidas en la ley N° 20.000 y su Reglamento. La fiscalización del cumplimiento de esta disposición se hará de acuerdo con los artículos 182 y 183 de esta ley, y

Ley 21363
Art. 2 a)
D.O. 06.08.2021

5) No haber sido sorprendido por Carabineros de Chile realizando alguna de las conductas descritas en los incisos primero de los artículos 25 y 26 de la ley N° 19.925, sobre expendio y consumo de bebidas alcohólicas, en los últimos doce meses.

Ley Nº 18.290
Art. 13 Nº 2
D.O. 07.02.1984

Ley Nº 19.495
Art. 1º Nº 9
D.O. 08.03.1997

Ley Nº 20.068
Art. 1º Nº 5 a)
D.O. 10.12.2005

Para obtener las licencias que a continuación se señalan, los postulantes deberán reunir, además, los siguientes requisitos especiales:

LICENCIA PROFESIONAL

1) Tener como mínimo 20 años de edad;

Ley 21363
Art. 2 b), c)
D.O. 06.08.2021

2) Acreditar haber estado en posesión de la licencia Clase B durante dos años;

Ley Nº 18.290
Art. 13 Nº 3
D.O. 07.02.1984

Ley Nº 19.495
Art. 1º Nº 9
D.O. 08.03.1997

Ley Nº 20.068
Art. 1º Nº 5 b)
D.O. 10.12.2005

3) Aprobar los cursos teóricos y prácticos que impartan las escuelas de conductores profesionales debidamente reconocidas por el Estado;

4) Acreditar, en caso de la Clase A-3, haber estado en posesión, durante a lo menos dos años, de la Licencia Profesional Clases A-1, A-2, A-4 o A-5. Tratándose de la Clase A-5, los postulantes deberán acreditar haber estado en posesión, durante a lo menos dos años, de la licencia profesional clases A-2, A-3 o A-4;

5) Acreditar, para el caso de las licencias de conductor profesional clases A-3 y A-5, en aquellos casos de conductores que no hayan estado en posesión de las licencias indicadas en el número 4) precedente, haber aprobado un curso teórico y práctico especial, que contemple el uso de simuladores de inmersión total u otra tecnología equivalente, cuyas características y especificaciones técnicas estarán establecidas en un reglamento dictado por el Ministerio de Transportes y Telecomunicaciones, en una Escuela para Conductores Profesionales reconocida

oficialmente por dicho Ministerio, que haya sido autorizada para impartir este curso especial, de conformidad con el respectivo reglamento, y

Ley N° 18.290
Art. 13 N° 4
D.O. 07.02.1984

Ley N° 19.710
Art. 4° N° 2 a)
D.O. 20.01.2001

Ley 20513
Art. ÚNICO a)
D.O. 23.06.2011

6) Aprobar en la Municipalidad respectiva el examen teórico correspondiente a la Clase de licencia profesional a la que se postula.

Ley 20604
Art. ÚNICO N° 1
D.O. 11.07.2012

LICENCIA NO PROFESIONAL CLASE B

1.- Tener como mínimo 18 años de edad. Excepcionalmente, se podrá otorgar esta Licencia a postulantes que sean mayores de 17 años, que hayan aprobado un curso en una Escuela de Conductores, debida y expresamente autorizados por sus padres, apoderados o representantes legales.

Ley N° 18.290
Art. 13
D.O. 07.02.1984

Ley N° 19.495
Art. 1° N° 9
D.O. 08.03.1997

Dicha licencia excepcional sólo habilitará para conducir acompañado, en el asiento delantero, de una persona en condiciones de sustituirlo en la conducción de acuerdo a lo establecido en el artículo 109 que sea poseedora de una licencia que lo habilite para conducir los tipos de vehículos motorizados para la Clase B cuya vigencia, a la fecha del control, tenga no menos de 5 años de antigüedad. Cumplidos los 18 años de edad, este último requisito se extinguirá por el solo ministerio de la ley.

Ley N° 18.290
Art. 13
D.O. 07.02.1984

Ley N° 19.495
Art. 1° N° 9
D.O. 08.03.1997

Ley N° 18.290
Art. 13
D.O. 07.02.1984

Ley N° 19.495
Art. 1° N° 9
D.O. 08.03.1997

Ley Nº 19.710
Art. 4º Nº 2 b)
D.O. 20.01.2001

El menor así autorizado que sea sorprendido conduciendo sin cumplir con el requisito establecido en el inciso precedente, se considerará como conductor sin licencia para todos los efectos legales. Carabineros procederá a retirarle la Licencia y a ponerla a disposición del respectivo Tribunal. En la boleta de citación se dejará constancia que ésta no lo habilita para seguir conduciendo.

2.- Ser egresado de enseñanza básica.

Ley Nº 18.290
Art. 13
D.O. 07.02.1984

Ley Nº 19.495
Art. 1º Nº 9
D.O. 08.03.1997

LICENCIA NO PROFESIONAL CLASE C

1.- Tener como mínimo 18 años de edad, y

2.- Ser egresado de enseñanza básica. Este requisito no será exigible a quienes postulen a esta licencia para conducir triciclos motorizados de carga.

Ley Nº 18.290 Art. 13
D.O. 07.02.1984

Ley Nº 19.495 Art. 1º Nº 9
D.O. 08.03.1997

El otorgamiento de la licencia Clase C para conducir triciclos motorizados de carga sólo habilitará para la conducción de este tipo de vehículos.

Ley Nº 18.290
Art. 13
D.O. 07.02.1984

Ley Nº 19.495
Art. 1º Nº 9
D.O. 08.03.1997

LICENCIA ESPECIAL CLASE D

1.- Tener como mínimo 18 años de edad;

2.- Saber leer y escribir, y

3.- Acreditar conocimientos y práctica en el manejo de los vehículos o maquinarias especiales de que se trate.

Ley 21088
Art. 1 Nº 6 b), i)
D.O. 10.05.2018

Ley 21088
Art. 1 Nº 6 b), ii)
D.O. 10.05.2018

LICENCIA ESPECIAL CLASE E

Ley Nº 18.290
Art. 13

D.O. 07.02.1984

Ley N° 19.495 A
Art. 1° N° 9
D.O. 08.03.1997

Ley N° 20.068
Art. 1° N° 5 c)
D.O. 10.12.2005

1.- Tener como mínimo 18 años de edad, y
2.- Saber leer y escribir. Podrá eximirse de este requisito quien apruebe un examen especial.

LICENCIA ESPECIAL CLASE F
1.- Tener como mínimo 18 años de edad, y
2.- Aprobar los respectivos cursos institucionales.

El requisito especial de ser egresado de enseñanza básica, exigido para obtener las licencias profesionales Clase A, y no profesionales, Clases B y C, se entenderá cumplido por el examen de equivalencia de estudios para fines laborales establecido en el Título VI del decreto N° 62, de 1983, de Educación.

Ley N° 18.290
Art. 13
D.O. 07.02.1984

Ley N° 19.495
Art. 1° N° 9
D.O. 08.03.1997

Ley N° 18.290
Art. 13
D.O. 07.02.1984

Ley N° 19.495
Art. 1° N° 9
D.O. 08.03.1997

Ley N° 19.725
Art. Único
D.O. 28.04.2001

Ley N° 18.290
Art. 13
D.O. 07.02.1984

Ley N° 19.495
Art. 1° N° 9
D.O. 08.03.1997

Ley N° 18.290
Art. 13
D.O. 07.02.1984

Ley N° 19.495
Art. 1° N° 9
D.O. 08.03.1997

Ley N° 18.290
Art. 13

D.O. 07.02.1984

Ley N° 19.495
Art. 1° N° 9
D.O. 08.03.1997

Artículo 14.- Los requisitos para obtener las licencias se acreditarán de la siguiente manera:
A) LICENCIA PROFESIONAL

Ley N° 18.290
Art. 14
D.O. 07.02.1984

Ley N° 19.495
Art. 1° N° 10
D.O. 08.03.1997

1°.- La idoneidad moral será calificada por el Director del Departamento de Tránsito y Transporte Público Municipal en que se solicita la licencia, a la vista del Informe de Antecedentes expedido por el Gabinete Central del Servicio de Registro Civil e Identificación y del informe del Registro Nacional de Conductores, cuya fecha de emisión no sea anterior a 30 días, que contengan todas las anotaciones que se registren, y en los que consten que el solicitante no está afecto a pena de suspensión o de inhabilidad para conducir vehículos, ni que se le ha denegado con anterioridad al postulante la licencia que hubiere solicitado.

2°.- La idoneidad física y psíquica, los conocimientos teóricos y prácticos sobre las disposiciones legales y reglamentarias que rigen la prestación de servicios de transporte de pasajeros, transporte remunerado de escolares y de carga por vías y sobre la conducción y operación de los respectivos vehículos, serán acreditadas:

a) La idoneidad física y psíquica por medio de un certificado expedido por el médico del Departamento de Tránsito y Transporte Público Municipal respectivo;

b) Los conocimientos teóricos por medio del examen rendido en la Municipalidad respectiva, y los conocimientos prácticos por medio de certificado expedido por una Escuela de Conductores Profesionales reconocida oficialmente, debiendo el Director de Tránsito de la Municipalidad correspondiente adoptar las medidas que estime necesarias a fin de comprobar la efectividad de dichos conocimientos y las destrezas y habilidades requeridas para conducir el vehículo de que se trate.

Ley 20604
Art. ÚNICO N° 2
D.O. 11.07.2012

A los conductores profesionales que renueven su licencia profesional no les será exigible el requisito especial establecido en los números 3) o 5), según corresponda, del inciso segundo del artículo 13, en el acápite Licencia Profesional.

B) LICENCIA NO PROFESIONAL Y LICENCIA ESPECIAL

1°.- La idoneidad moral será calificada en la misma forma establecida para la licencia profesional.

2°.- La idoneidad física y psíquica de los postulantes, sus conocimientos teóricos y prácticos de conducción, así como de las disposiciones legales y reglamentarias que rigen el tránsito público, serán acreditadas por medio de un certificado expedido, conjuntamente, por el Jefe del Gabinete Técnico del Departamento de Tránsito y Transporte Público Municipal y por el médico del mismo, después de haber examinado al postulante para establecer los factores indicados y los exámenes teóricos y prácticos de conducción rendidos por aquél.

Artículo 15.- El Ministerio de Transportes y Telecomunicaciones determinará los estándares para calificar la idoneidad moral, física y psíquica, la acreditación de los conocimientos teóricos y prácticos de conducción y de las disposiciones legales y reglamentarias que rigen al tránsito público, así como de las disposiciones legales y reglamentarias para prestar servicios de transporte de pasajeros, transporte remunerado de escolares y de carga, por calles y caminos. Lo anterior es sin perjuicio de la facultad del médico del Departamento de Tránsito y Transporte Público Municipal para solicitar exámenes especiales para determinar la aptitud psíquica del postulante.

El Director del Departamento de Tránsito y Transporte Público Municipal deberá rechazar, señalando la causal, solicitudes de licencia de postulantes que no cumplan con los requisitos establecidos. En el caso de solicitudes rechazadas para obtener licencia profesional, éstas deberán ser comunicadas al Ministerio de Transportes y Telecomunicaciones.

Ley N° 18.290
Art. 14 bis
D.O. 07.02.1984

Ley N° 19.495
Art. 1° N° 11
D.O. 08.03.1997

El postulante afectado por el rechazo en razón de falta de idoneidad moral podrá reclamar, dentro de los cinco días hábiles siguientes de notificada esta resolución, ante el Juez de Policía Local respectivo, el cual resolverá breve y sumariamente y apreciará la prueba en conciencia. En contra de su resolución no procederá recurso alguno.

Los exámenes prácticos en cada una de las clases especificadas, deberán rendirse conduciendo el tipo de vehículo correspondiente.

Ley N° 18.290
Art. 14 bis
D.O. 07.02.1984

Ley N° 19.495
Art. 1° N° 11
D.O. 08.03.1997

A los residentes en Chile que estén en posesión de licencias extranjeras, se les podrá otorgar la que soliciten, siempre que acrediten, en su caso, la antigüedad requerida en la Clase correspondiente y cumplan con los demás requisitos aplicables a la licencia de conducir de que se trate.

Ley N° 18.290
Art. 14 bis
D.O. 07.02.1984

Ley N° 19.495
Art. 1° N° 11
D.O. 08.03.1997

Los agentes diplomáticos y consulares extranjeros acreditados en Chile, tendrán derecho a que se les otorgue licencia de conductor chilena, bastando que para ello exhiban una licencia vigente, otorgada de conformidad a las leyes de su país.

Ley N° 18.290
Art. 14 bis
D.O. 07.02.1984

Ley N° 19.495
Art. 1° N° 11
D.O. 08.03.1997

Ley N° 18.290
Art. 14 bis
D.O. 07.02.1984

Ley N° 19.495
Art. 1° N° 11
D.O. 08.03.1997

Ley N° 20.068
Art. 1° N° 6
D.O. 10.12.2005

Ley N° 18.290
Art. 14 bis
D.O. 07.02.1984

Ley N° 19.495
Art. 1° N° 11
D.O. 08.03.1997

Artículo 16.- Para calificar la idoneidad moral de los interesados a que se refiere el artículo 13 se considerarán las condenas que hayan sufrido en los 5 años anteriores, por las siguientes causas:

1. Por delitos, cuasidelitos, faltas, infracciones o contravenciones a la presente ley, a la Ley sobre Expendio y Consumo de Bebidas Alcohólicas y a la ley N° 20.000, sobre Tráfico Ilícito de Estupefacientes y Sustancias Sicotrópicas;

Ley N° 18.290
Art. 15
D.O. 07.02.1984

Ley N° 20.068
Art. 1° N° 7
D.O. 10.12.2005

2. Por delitos o cuasidelitos para cuya perpetración se hubiere utilizado un vehículo;

Ley N° 18.290
Art. 15 N° 1
D.O. 07.02.1984

Ley N° 19.495
Art. 1 N° 12
D.O. 08.03.1997

Ley N° 19.925
Art. Tercero N° 1
D.O. 19.01.2004

3. Por delitos contra el orden de la familia y la moralidad pública, y

4. Por el delito de conducir con licencia de conductor, boleta de citación o permiso provisorio judicial para conducir, falsos u obtenidos en contravención a esta ley o pertenecientes a otra persona.

Ley Nº 18.290
Art. 15 Nº 2
D.O. 07.02.1984

Ley Nº 18.290
Art. 15 Nº 3
D.O. 07.02.1984

Ley Nº 19.902
Art. Único Nº 1
D.O. 09.10.2003

Ley Nº 18.290
Art. 15 Nº 4
D.O. 07.02.1984

Ley Nº 19.495
Art. 1 Nº 12
D.O. 08.03.1997

Artículo 17.- Las Municipalidades no concederán licencia en caso de faltar al postulante alguno de los requisitos del artículo 13.

Cuando la licencia de conducir se denegare por causales susceptibles de ser solucionadas, la solicitud no podrá renovarse hasta después de 30 días de la primera denegatoria y de 6 meses después de cada nueva denegación.

Ley Nº 18.290
Art. 16
D.O. 07.02.1984

Ley Nº 19.495
Art. 1º Nº 13
D.O. 08.03.1997

Artículo 18.- El Departamento de Tránsito y Transporte Público Municipal someterá a nuevos exámenes a los conductores con licencia vigente, de acuerdo a los términos de los artículos 13, 14 y 15 de esta ley, cuando así lo dispongan los Tribunales Ordinarios de Justicia o los Juzgados de Policía Local.

Ley Nº 18.290
Art. 17
D.O. 07.02.1984

Ley Nº 19.495
Art. 1 Nº 14
D.O. 08.03.1997

Artículo 19.- La licencia de conductor será de duración indefinida y mantendrá su vigencia mientras su titular reúna los requisitos o exigencias que señale la ley.

El titular de una licencia no profesional Clase B o C, o de una licencia especial, deberá acreditar cada 6 años que cumple con los requisitos de idoneidad moral, física y síquica, en la forma establecida en los artículos 14 y 22.

Ley Nº 18.290

Art. 18
D.O. 07.02.1984

Ley Nº 20.068
Art. 1 Nº 8
D.O. 10.12.2005

El titular de una licencia profesional deberá acreditar, cada 4 años, que cumple con los requisitos exigidos en los números 1 y 4 del inciso primero del artículo 13.

El titular de una licencia Clase A-1 o A-2, obtenidas antes del 8 de marzo de 1997 deberá acreditar, cada 4 años, que cumple con los requisitos exigidos en los números 1, 2 y 4 del inciso primero del artículo 13, con excepción de los conocimientos prácticos.

Artículo 20.- El juez de policía local, en los asuntos de que conozca, podrá ordenar que se efectúe un nuevo control de licencia, antes del plazo establecido en el artículo anterior.

En los casos de incapacidad física o psíquica sobrevinientes que determinen que un conductor está incapacitado para manejar o hagan peligrosa la conducción de un vehículo, el director de tránsito y transporte público municipal o el juez de policía local, en su caso, le cancelarán o suspenderán la licencia de conducir.

Ley Nº 18.290
Art. 19
D.O. 07.02.1984

Ley Nº 19.710
Art. 4 Nº 4
D.O. 20.01.2001

Ley Nº 20.068
Art. 1 Nº 9 a) y b)
D.O. 10.12.2005

Las suspensiones o cancelaciones antes aludidas se comunicarán al Registro Nacional de Conductores de Vehículos Motorizados, en la forma y dentro de los plazos señalados en el Título XVIII, para que se practiquen las anotaciones correspondientes.

Ley Nº 18.290
Art. 19
D.O. 07.02.1984

Ley Nº 19.710
Art. 4 Nº 4
D.O. 20.01.2001

El control de cualquiera clase de licencias de conducir deberá efectuarse, a más tardar, en la fecha de cumpleaños de su titular. Cuando ésta ocurra en día inhábil, el control se verificará en el día siguiente hábil y, tratándose del día 29 de febrero, en el primer día hábil del mes de marzo.

Ley Nº 18.290
Art. 19
D.O. 07.02.1984

Ley Nº 19.710
Art. 4 Nº 4
D.O. 20.01.2001

Ley Nº 18.290 Art. 19

D.O. 07.02.1984

Ley N° 19.710
Art. 4 N° 4
D.O. 20.01.2001

Artículo 21.- No obstante lo dispuesto en los artículos anteriores, podrán otorgarse licencias que habiliten sólo para conducir un determinado vehículo, o restringida a horarios o áreas geográficas determinadas.

En caso que el interesado presente deformaciones físicas, que se superen con adaptaciones especiales fijas del vehículo que lo habiliten para conducirlo en forma satisfactoria, podrá otorgársele la licencia correspondiente para conducir exclusivamente dicho vehículo, previa revisión de éste y comprobada que sea su conducción por el interesado, sin perjuicio de que éste se someta a todos los exámenes y demás exigencias de orden general requeridas para el otorgamiento de la licencia.

Ley N° 18.290
Art. 20
D.O. 07.02.1984

Artículo 22.- No se otorgará licencia de conductor a quien carezca de aptitudes físicas o psíquicas que lo habiliten para conducir un vehículo motorizado o hagan peligrosa su conducción.

El reglamento determinará las enfermedades, las secuelas de éstas y otras alteraciones psíquicas o físicas que motiven la carencia de aptitud para conducir.

Ley N° 18.290
Art. 21
D.O. 07.02.1984

Ley N° 18.597
Art. 1 N° 4
D.O. 29.01.1987

Un examen médico del conductor determinará su aptitud física y psíquica y las incapacidades, debiendo fundamentarse por el médico examinador en la ficha respectiva.

Ley N° 18.290
Art. 21
D.O. 07.02.1984

Si el peticionario fuere reprobado en el examen médico podrá pedir, al Servicio Médico Legal o a otro establecimiento especializado que dicho Servicio designe, que se le efectúe un nuevo examen. Si este examen fuere favorable al solicitante, prevalecerá sobre el anterior.

Ley N° 18.290
Art. 21
D.O. 07.02.1984

Ley N° 19.495
Art. 1 N° 16 a)
D.O. 08.03.1997

El solicitante deberá acompañar copia autorizada del informe que se impugna y otro informe emitido por un médico cirujano habilitado para el ejercicio de la profesión, en el cual aparezca que no existe la inhabilidad cuestionada. El nuevo examen podrá abarcar aspectos no comprendidos en la reclamación y su resultado se comunicará al Departamento de

Tránsito y Transporte Público Municipal de la Municipalidad respectiva, que lo agregará a los antecedentes.

Ley Nº 18.290
Art. 21
D.O. 07.02.1984

Ley Nº 19.495
Art. 1 Nº 16 b)
D.O. 08.03.1997

No obstante, en casos calificados y siempre que la deficiencia no sea grave, o atendidos la edad y el estado general del peticionario, podrá otorgarse la licencia por un plazo inferior a los señalados en los incisos segundo, tercero y cuarto del artículo 19, según corresponda.

Ley Nº 18.290
Art. 21
D.O. 07.02.1984

Ley Nº 18.290
Art. 21
D.O. 07.02.1984

Ley Nº 19.495
Art. 1 Nº 16 c)
D.O. 08.03.1997

Ley Nº 19.710
Art. 4 Nº 5
D.O. 20.01.2001

Ley Nº 20.068
Art. 1 Nº 10
D.O. 10.12.2005

Artículo 23.- Los Departamentos de Tránsito y Transporte Público Municipal deberán conservar archivados, en la forma que determine el reglamento, todos los antecedentes requeridos para otorgar una licencia de conductor y toda modificación que en ella se produzca.

Asimismo, se archivarán los antecedentes en los casos que se rechace el otorgamiento de una licencia.

Ley Nº 18.290
Art. 22
D.O. 07.02.1984

Rectificación
D.O. 16.02.1984

Artículo 24.- El titular de una licencia de conductor deberá registrar su domicilio y los cambios del mismo en forma determinada y precisa ante el Departamento de Tránsito y Transporte Público Municipal de la Municipalidad que hubiere otorgado la licencia o en aquella de su nuevo domicilio. El Departamento registrará estos datos en la licencia y los comunicará al Registro Nacional de Conductores de Vehículos Motorizados dentro del quinto día.

Igual procedimiento se aplicará en los casos de cambios de nombres o apellidos del titular de la licencia.

Ley Nº 18.290
Art. 23

D.O. 07.02.1984

El Ministerio de Transportes y Telecomunicaciones y Carabineros de Chile tendrán acceso directo, vía computacional o por cualquier otro medio, al Registro Nacional de Conductores de Vehículos Motorizados y al Registro de Vehículos Motorizados. La información así obtenida tendrá el carácter de reservada respecto a las personas involucradas.

Ley N° 19.495
Art. 1 N° 17
D.O. 08.03.1997

Artículo 25.- Los informes que expide el Servicio de Registro Civil e Identificación, el Registro Nacional de Conductores y los resultados, tanto parciales como generales de los exámenes, serán emitidos en formularios especiales, los que se archivarán de acuerdo con lo dispuesto en el artículo 23.

Ley N° 18.290
Art. 24
D.O. 07.02.1984

Ley N° 18.290
Art. 25
D.O. 07.02.1984

Ley N° 19.495
Art. 1° N° 18
D.O. 08.03.1997

Artículo 26.- La licencia de conductor tendrá las menciones que determine el reglamento.

Ley N° 18.290
Art. 26
D.O. 07.02.1984

Ley N° 19.495
Art. 1 N° 19
D.O. 08.03.1997

Ley N° 20.068
Art. 1 N° 11
D.O. 10.12.2005

Artículo 27.- Las licencias de conductor o formulario en que se expidan, serán confeccionadas exclusivamente por la Casa de Moneda, repartición que entregará los ejemplares necesarios, a petición de las Municipalidades facultadas para otorgar licencias.

Ley N° 18.290
Art. 27
D.O. 07.02.1984

Artículo 28.- La licencia de conductor, de cualquiera clase que fuere, conforme lo establece el artículo 12°, será una para cada conductor, en toda la República. Por consiguiente, ninguna persona podrá estar en posesión de más de una licencia y se indicarán en ella los tipos de vehículos que se le autoriza a conducir.

Ley N° 18.290
Art. 28
D.O. 07.02.1984

Artículo 29.- Sólo podrá otorgarse duplicado de una licencia en caso de extravío o destrucción total o parcial de ella.

Ley Nº 18.290
Art. 29
D.O. 07.02.1984

El duplicado de una licencia deberá solicitarlo su titular al Departamento de Tránsito y Transporte Público Municipal que la hubiere otorgado o al que correspondiere a su domicilio, acompañando a su presentación un informe del Registro Nacional de Conductores que acredite que su licencia extraviada o destruida no esté cancelada o suspendida.

En los casos en que la solicitud del duplicado se presente en una Municipalidad distinta de la que otorgó la licencia, aquélla deberá solicitar a ésta, copia de todos los antecedentes que obran en la carpeta del titular.

Este documento llevará escrita o estampada con timbre fijo en forma destacada la palabra "DUPLICADO" y registrará todas las anotaciones de la licencia original.

TÍTULO II
DE LA ENSEÑANZA DE LAS NORMAS DE TRÁNSITO Y DE LAS ESCUELAS DE CONDUCTORES
(ARTS. 30-37)

§ 1. DE LA ENSEÑANZA DE LAS NORMAS DE TRÁNSITO
(ART. 30)

Artículo 30.- El Ministerio de Educación deberá contemplar en los programas de los establecimientos de enseñanza básica y media del país, entre sus actividades oficiales y permanentes, la enseñanza de las disposiciones que regulan el tránsito, el uso de las vías públicas y los medios de transportes motorizados y no motorizados.

Ley 21088
Art. 1 Nº 7
D.O. 10.05.2018

Ley Nº 18.290
Art. 30
D.O. 07.02.1984

§2. DE LAS ESCUELAS DE CONDUCTORES
(ARTS. 31 - 37)

Ley Nº 19.495
Art. 1 Nº 20
D.O. 08.03.1997

Artículo 31.- Las Escuelas para Conductores podrán ser de clase A, para Conductores Profesionales y no profesionales, y, de Clase B, para postulantes de licencia no profesional, de Clase C, o Especial Clase D o de varias a la vez.

Ley 21088
Art. 1 Nº 8 a), i), ii)
D.O. 10.05.2018

Las Escuelas deberán impartir los conocimientos, destrezas y habilidades necesarias para la conducción de los vehículos motorizados a que se refiere la respectiva licencia. Su enseñanza deberá promover el conocimiento, respeto y cuidado de los derechos y deberes de los peatones, ciclistas y conductores de otros ciclos.

Ley N° 18.290
Art. 31
D.O. 07.02.1984

Ley N° 19.495
Art. 1 N° 20
D.O. 08.03.1997

Ley 21088
Art. 1 N° 8 b)
D.O. 10.05.2018

Artículo 32.- Las Municipalidades podrán autorizar a personas naturales o jurídicas para establecer escuelas de la Clase B.

El Ministerio de Transportes y Telecomunicaciones dictará las normas a que deberán ajustarse dichas escuelas, sus programas de estudios y entrenamiento y, en general, la enseñanza que impartan. Asimismo, determinará las condiciones que deberán reunir sus profesores y los vehículos e implementos que se usen al efecto.

Ley N° 18.290
Art. 31 bis
D.O. 07.02.1984

Ley N° 19.495
Art. 1 N° 20
D.O. 08.03.1997

Artículo 33.- Las Escuelas para Conductores Profesionales, además, tendrán por finalidad lograr que los alumnos egresen con los conocimientos, destrezas y habilidades necesarias para la conducción de vehículos motorizados de transporte público de pasajeros, de transporte remunerado de escolares y de transporte de carga, en forma responsable y segura.

Las Escuelas de Conductores Profesionales determinarán libremente los planes y programas de estudios que consideren adecuados para el cumplimiento de los siguientes objetivos básicos:

Ley N° 18.290
Art. 31-A
D.O. 07.02.1984

Ley N° 19.495
Art. 1 N° 20
D.O. 08.03.1997

a) Conocer y apreciar la ley de tránsito en todo su alcance y significación;

b) Conocer materias tales como: legislación sobre transporte remunerado de escolares, transporte de carga y de pasajeros; responsabilidad civil y penal como conductor; leyes laborales, de estupefacientes o sustancias sicotrópicas, de alcoholes, de salud, medio ambiente; sanidad vegetal, y disposiciones aduaneras, en lo que concierne a la actividad respectiva;

c) Conocer la normativa vigente sobre el uso de la infraestructura vial;

d) Conocer las normas de seguridad en la conducción, en la carga y estiba, primeros auxilios, prevención, combate de incendios y transporte de sustancias peligrosas;

e) Conocer técnica y prácticamente el funcionamiento de los vehículos a que corresponda la respectiva clase de licencia y desarrollar sus aptitudes para la debida mantención y uso de ellos;

f) Conocer teórica y prácticamente y lograr las habilidades y destrezas necesarias para la conducción de los diferentes vehículos de transporte de personas o de carga, rígidos o articulados, en las distintas condiciones en que deba operar, tales como clima, tipo de camino, geografía, clase de carga, etc., y

g) Adquirir conocimientos generales sobre relaciones humanas para lograr una mejor calidad del servicio y facilitar una mayor seguridad en las operaciones, tales como las relaciones con los usuarios, otros conductores, empleadores, autoridades, etc.

Además, deberán tener la infraestructura docente, de equipamiento y elementos de docencia necesarios para impartir debidamente la correspondiente enseñanza. El personal docente deberá poseer la idoneidad moral y profesional que requiere la asignatura respectiva.

Sin perjuicio de la libertad señalada en el inciso precedente, el Ministerio de Transportes y Telecomunicaciones establecerá en un reglamento, la duración del curso y contenidos mínimos prácticos y teóricos que habrá de considerar el programa del curso especial especificado en el número 5) del artículo 13, incluyendo el mínimo de horas de conducción por alumno en vehículo y el mínimo y máximo de horas en simulador, las cuales en ningún caso podrán superar un 30 por ciento del total de horas de conducción, y todas las materias relacionadas con su debida instrucción.

Ley 20604
Art. ÚNICO Nº 3
D.O. 11.07.2012

Artículo 34.- Las Escuelas de Conductores Profesionales, para obtener su reconocimiento oficial, deberán entregar a la autoridad regional de transportes correspondiente, los planes y programas que elaboren para cumplir los objetivos establecidos en el artículo anterior. Asimismo, deberán señalar la infraestructura, equipamiento, elementos de docencia, calificaciones, títulos, especialidades y experiencia del personal docente, y el lugar o los lugares donde funcionará la Escuela. Todo cambio de lugar deberá ser informado al Ministerio de Transportes y Telecomunicaciones, dentro de los 5 días siguientes de efectuado el traslado.

Los planes y programas se entenderán aceptados, por el Ministerio de Transportes y Telecomunicaciones, transcurridos que sean 90 días desde la fecha de su entrega, si no se les formularen objeciones. Vencido este plazo sin haber objeciones, éstos se incorporarán al registro de planes y programas que el Ministerio llevará al efecto.

Ley Nº 18.290
Art. 31-B
D.O. 07.02.1984

Ley Nº 19.495
Art. 1 Nº 20
D.O. 08.03.1997

El Ministerio podrá objetar los planes y programas que se le presenten para su aprobación, dentro del plazo señalado en el inciso precedente, de no ajustarse éstos a los objetivos fundamentales mínimos que se establecen en el artículo anterior. Las objeciones se notificarán por carta certificada enviada al domicilio que el requirente deberá señalar en su respectiva solicitud de aprobación. El interesado podrá dentro de los 15 días siguientes de entregada la carta al Servicio de Correos, solicitar reconsideración de las objeciones. El Ministerio deberá resolver las objeciones en el plazo máximo de 30 días y si no lo hiciera, se entenderá aceptada la reconsideración. De rechazarse ésta, el interesado podrá reclamar a la Corte de Apelaciones respectiva, dentro del plazo de 10 días contado desde la fecha de despacho de la carta certificada que notifique el rechazo. La Corte de Apelaciones conocerá en cuenta, sin esperar la comparecencia del reclamante y en única instancia.

Artículo 35.- El Ministerio de Transportes y Telecomunicaciones reconocerá oficialmente a las Escuelas de Conductores Profesionales, siempre que se acredite que el personal docente, infraestructura, equipamiento y elementos de docencia, planes y programas de estudios, son los adecuados para el debido cumplimiento de los objetivos establecidos en el artículo 33.

Además, deberán acreditar tener una póliza de seguros en favor de terceros por una cantidad no inferior a 1.000 unidades de fomento por vehículo, destinada a caucionar la debida indemnización de los daños y perjuicios que sus alumnos pudieren causar con éstos, con motivo o en razón de la conducción de vehículos motorizados por las vías públicas, durante la realización de los cursos de conducción que impartan. Esta póliza deberá estar permanentemente en vigencia y el incumplimiento de esta obligación será sancionado con la inmediata suspensión de todas sus actividades docentes, mientras no se cumpla con ello. Esta obligación también regirá para las escuelas de conductores no profesionales.

Ley N° 18.290
Art. 31-C
D.O. 07.02.1984

Ley N° 19.495
Art. 1 N° 20
D.O. 08.03.1997

El Ministerio de Transportes y Telecomunicaciones al igual que los Directores de Tránsito de las comunas donde funcionen las escuelas de conductores profesionales, deberán fiscalizar permanentemente que éstas cumplan con los planes, programas, docencia, e infraestructura que determinaron su reconocimiento oficial, y la vigencia de la póliza de seguros que establece el inciso anterior.

Artículo 36.- La Escuela de Conductores Profesionales para obtener el reconocimiento oficial, deberá presentar al respectivo Secretario Regional Ministerial del Ministerio de Transportes y Telecomunicaciones, una solicitud acompañada de los antecedentes que acrediten el cumplimiento de los requisitos establecidos en los artículos 33, 34 y 35.

Si el reconocimiento no se otorga o no se formulan objeciones dentro de los 90 días siguientes a la fecha de presentación de los antecedentes, se tendrá por otorgado. Si fuere observado o rechazado se estará a lo establecido en el inciso final del artículo 34, en cuanto a la reconsideración y reclamación de tal resolución.

Ley N° 18.290
Art. 31-D
D.O. 07.02.1984

Ley N° 19.495
Art. 1 N° 20
D.O. 08.03.1997

El reconocimiento oficial se hará por resolución del Secretario Regional Ministerial del Ministerio de Transportes y Telecomunicaciones que corresponda.

A los cursos impartidos por las Escuelas de Conductores Profesionales les serán aplicables las franquicias del Servicio Nacional de Capacitación y Empleo.

Artículo 37.- El Ministerio de Transportes y Telecomunicaciones podrá revocar el reconocimiento oficial a una Escuela de Conductores Profesionales, mediante resolución fundada, si ésta no cumple con los planes, programas, docencia e infraestructura que determinaron su reconocimiento oficial. También podrá revocar dicho reconocimiento y,o cursar una multa a beneficio fiscal de 300 a 500 unidades tributarias mensuales en caso de acreditarse que la Escuela ha otorgado certificados a personas que no han recibido total o parcialmente los contenidos, actividades, evaluaciones y,o asignaturas, prácticas o teóricas, que corresponden a los cursos que imparten. Esta resolución se notificará al representante legal de la Escuela mediante carta certificada enviada al lugar de funcionamiento que ésta haya registrado en el Ministerio, entendiéndose practicada la notificación a contar del tercer día siguiente a su recepción en la oficina de Correos del lugar de funcionamiento de la Escuela. La afectada, dentro de los 15 días siguientes a su notificación, podrá solicitar reconsideración de la cancelación, acompañando a su solicitud todos los antecedentes que justifiquen sus descargos.

Ley 20604
Art. ÚNICO N° 4
D.O. 11.07.2012

El Ministerio deberá resolver esta solicitud dentro de los 30 días siguientes a la fecha de su presentación. La resolución que recaiga en ella deberá ser notificada a la interesada, dentro de los 5 días siguientes a la fecha de su pronunciamiento, mediante carta certificada enviada al domicilio que la recurrente haya señalado en su presentación y, de no haberlo hecho, al lugar de funcionamiento que la Escuela tenga registrado en el Ministerio. La no resolución oportuna o su falta de notificación o la notificación tardía, hará que se tenga por aceptada la reconsideración. De rechazar la reconsideración, la afectada podrá reclamar a la Corte de Apelaciones respectiva, dentro del plazo de 10 días contados desde la fecha de entrega, al Servicio de Correos, de la carta certificada que notifique el rechazo. La Corte de Apelaciones conocerá en cuenta, sin esperar la comparecencia del reclamante y en única instancia.

Ley N° 18.290
Art. 32
D.O. 07.02.1984

Ley N° 19.495
Art. 1 N° 21
D.O. 08.03.1997

TÍTULO III
DEL DOMINIO Y REGISTRO DE LOS VEHÍCULOS MOTORIZADOS Y DE LA PATENTE ÚNICA Y CERTIFICADO DE INSCRIPCIÓN
(ARTS. 38-57)

§1. DEL DOMINIO Y DEL REGISTRO DE VEHÍCULOS MOTORIZADOS (ARTS. 38-50)

Artículo 38.- La constitución del dominio, su transmisión, transferencia y los gravámenes sobre vehículos motorizados se sujetarán a las normas que el derecho común establece para los bienes muebles.

Ley N° 18.290
Art. 33
D.O. 07.02.1984

Artículo 39.- El Servicio de Registro Civil e Identificación llevará un Registro de Vehículos Motorizados en la base de datos central de su sistema electrónico, en el cual se inscribirán los vehículos y la individualización de sus propietarios y se anotarán las patentes únicas que otorgue.

Ley 21180
Art. 5 N° 1 a. y b
D.O. 11.11.2019

La inscripción de un vehículo se efectuará al otorgarse la patente única. Los documentos que autoricen dicha inscripción serán incorporados en el Repositorio Digital del Servicio de Registro Civil e Identificación.

Ley N° 18.290
Art. 34
D.O. 07.02.1984

Ley 21180
Art. 5 N° 1 c
D.O. 11.11.2019

En él se anotarán también todas las alteraciones en los vehículos que los hagan cambiar su naturaleza, sus características esenciales, o que los identifican, como asimismo su abandono, destrucción o su desarmaduría total o parcial o la cancelación de la inscripción a solicitud del propietario. Para estos efectos su propietario estará obligado a dar cuenta del hecho de que se trate al Registro. En su caso, deberá cancelarse la inscripción y retirarse las patentes del vehículo, en la forma y condiciones que indique el reglamento referido en el artículo 46.

Ley 21180
Art. 5 N° 1 d
D.O. 11.11.2019

Declarada la pérdida total de un vehículo asegurado como resultado de su destrucción o porque haya sido desarmado total o parcialmente, la compañía aseguradora deberá requerir la cancelación de la inscripción del vehículo respectivo en el Registro Nacional de Vehículos Motorizados, informará de ello al asegurado y devolverá las respectivas placas patentes.

Ley N° 18.597
Art. 1 N° 5
D.O. 29.01.1987

Ley N° 20.068
Art. 1 N° 12
D.O. 10.12.2005

En el caso de que la pérdida total sea declarada respecto de vehículos asegurados que no estén comprendidos en el inciso anterior, y que sean susceptibles de reparación, las compañías de seguros deberán regularizar la propiedad de los vehículos siniestrados, y requerirán su inscripción en el Registro Nacional de Vehículos Motorizados a su nombre o a nombre de los compradores respectivos, en el plazo de treinta días contado desde la firma del finiquito por el asegurado o del pago de la indemnización.

Ley 21601
Art. 1° N° 1
D.O. 11.09.2023

Mientras no se efectúen las inscripciones, anotaciones y cancelaciones ordenadas, los vehículos que se encuentren en las situaciones antes descritas quedarán bajo la responsabilidad de la aseguradora.

Asimismo, deberá anotarse la denuncia por la apropiación de un vehículo motorizado, especificando si ha sido objeto de robo o hurto, a requerimiento de la autoridad policial, judicial o del Ministerio Público. Si se tratare de un robo, el registro especificará si se ejerció sobre su legítimo tenedor alguna de las conductas descritas en el artículo 439 del Código Penal.

Ley N° 20.072
Art. Único
D.O. 23.11.2005

Ley 21170
Art. 2 N° 1
D.O. 26.07.2019

La denuncia deberá ser incorporada dentro de las cuatro horas siguientes de efectuado el requerimiento a que se refiere el inciso precedente. La referida anotación deberá constar en los certificados de inscripciones y anotaciones vigentes del vehículo respectivo.

La información sobre las denuncias incorporadas al Registro de Vehículos Motorizados se encontrará permanentemente a disposición del público, en las páginas web institucionales de Carabineros de Chile, de la Policía de Investigaciones de Chile y del Ministerio Público, especificando, entre otros datos, la placa patente única, el número de motor, número de chasis, color, año y las circunstancias en que fue apropiado.

Artículo 39 bis.- La primera inscripción de los vehículos nuevos o usados, según corresponda, así como las variaciones del dominio de los vehículos inscritos; los gravámenes, prohibiciones, embargos y medidas precautorias; los arrendamientos con opción de compra y otros títulos que otorguen la mera tenencia material; las alteraciones que hagan cambiar la naturaleza de los vehículos, sus características esenciales o que los identifican; su abandono, destrucción o desarmaduría total o parcial; las denuncias por la apropiación de un vehículo motorizado; las rectificaciones de errores, omisiones o cualquier modificación equivalente de una inscripción; y las cancelaciones de inscripción, se tramitarán a través del sistema electrónico del Registro de Vehículos Motorizados del Servicio de Registro Civil e Identificación, acompañando la documentación pertinente.

Ley 21180
Art. 5 N° 2
D.O. 11.11.2019

Tratándose de la primera inscripción del dominio de un vehículo en el Registro de Vehículos Motorizados, quien solicite dicho trámite deberá presentar la respectiva factura electrónica, documentos aduaneros o sentencia judicial y el comprobante del pago de los tributos correspondientes, sin perjuicio de cualquier otra documentación cuya presentación disponga el reglamento indicado en el artículo 46.

Si la solicitud está fundada en una factura de primera venta, ésta deberá haber sido emitida por empresas incluidas en la nómina de habilitados que el Servicio de Registro Civil e Identificación deberá llevar especialmente al efecto.

Ley 21601
Art. 1° N° 2
D.O. 11.09.2023

El Servicio de Registro Civil e Identificación determinará, de conformidad con un reglamento que se dictará para ese efecto, los requisitos mínimos que deberá contener la nómina, tales como el nombre, razón social y número de RUT del emisor de la factura. En el reglamento se establecerá, además, la forma y requisitos para incorporarse a aquella nómina.

Si el vendedor o emisor de la factura no se encuentra incluido en la nómina mencionada en el inciso anterior, el Servicio de Registro Civil e Identificación no procederá a la inscripción del vehículo y no podrá hacer entrega de las placas patentes respectivas.

NOTA 1

El artículo segundo transitorio de la ley 21601, publicada el 11.09.2023, dispone que la dictación del reglamento a que se refiere la presente norma, deberá efectuarse en el plazo de seis meses contado desde la publicación de esta ley en el Diario Oficial.

Artículo 40.- Créase el Registro Especial de Remolques y Semirremolques que llevará el Servicio de Registro Civil e Identificación, en el que deberán inscribirse los remolques y semirremolques cuyo peso bruto vehicular sea igual o superior a 3.860 kilogramos.

Un reglamento del Ministerio de Justicia, el que deberá llevar también la firma del Ministro de Transportes y Telecomunicaciones, determinará el procedimiento para la inscripción y las demás formalidades que deberán observarse para la adecuada creación, formación y mantención de este Registro.

Ley N° 18.290
Art. 34 bis
D.O. 07.02.1984

Ley N° 19.872
Art. Único N° 1
D.O. 20.06.2003

No podrá practicarse la revisión técnica que establece el Título VII de esta ley y el decreto supremo N° 156, de 1990, del Ministerio de Transportes y Telecomunicaciones, sin el certificado de inscripción en el Registro Especial de Remolques y Semirremolques.

Se presumirá propietario de un remolque o semirremolque la persona a cuyo nombre figure inscrito en el Registro, salvo prueba en contrario.

De la resolución fundada del Director Nacional del Servicio de Registro Civil e Identificación que niegue lugar a una solicitud de inscripción o anotación en el Registro, de un remolque o semirremolque, podrá reclamarse ante el Juez Civil correspondiente al domicilio del requirente, quien lo tramitará conforme a lo dispuesto en el artículo 49.

El certificado de inscripción de estos vehículos deberá contener además de las menciones señaladas en el inciso cuarto del artículo 53, las siguientes:

a.- Peso bruto vehicular;

b.- Número y disposición de los ejes; c.- Tipo de carrocería;

d.- Placa patente única, y

e.- Las demás que exija el Reglamento.

El propietario del vehículo será responsable de inscribirlo en el Registro y de poner a disposición del conductor el correspondiente certificado de inscripción. El incumplimiento de esta obligación, será sancionado con multas de una a ocho unidades tributarias mensuales.

El conductor será responsable de portar el respectivo certificado de inscripción en el Registro y de exhibirlo a Carabineros de Chile e inspectores fiscales y municipales. Si el conductor no porta o se niega a exhibir el certificado de inscripción, será sancionado con multa de una a dos unidades tributarias mensuales, salvo que reúna, además, la calidad de propietario, caso en el cual se le aplicará la multa señalada en el inciso anterior.

En forma supletoria, se aplicarán las normas referentes al Registro de Vehículos Motorizados.

Artículo 41.- En el Registro de Vehículos Motorizados se inscribirán, además, las variaciones de dominio de los vehículos inscritos.

Ley Nº 18.290
Art. 35
D.O. 07.02.1984

Ley Nº 20.068
Art. 1 Nº 13
D.O. 10.12.2005

No serán oponibles a terceros ni se podrán hacer valer en juicio los gravámenes, prohibiciones, embargos, medidas precautorias, arrendamientos con opción de compra u otros títulos que otorguen la tenencia material del vehículo, mientras no se efectúe la correspondiente anotación en el Registro.

Si el acto que sirvió de título a la transferencia de un vehículo fuere consensual, ésta se realizará mediante declaración escrita conjunta que suscribirán, el adquirente y la persona a cuyo nombre figure inscrito el vehículo ante Oficial de Registro Civil e Identificación, a través del formulario correspondiente en el sistema electrónico del Registro de Vehículos Motorizados del Servicio de Registro Civil e Identificación o adjuntando dicha declaración suscrita por ambas partes con firma electrónica avanzada. Cuando la transferencia se verifique a través de un instrumento público o privado autorizado ante notario, se incorporará al sistema electrónico del Registro de Vehículos Motorizados del Servicio de Registro Civil e Identificación. El reglamento referido en el artículo 46 indicará la forma de llevar a cabo estas anotaciones.

Ley 21180
Art. 5 Nº 3 a
D.O. 11.11.2019

Asimismo, el citado reglamento regulará la forma en la cual se incorporarán al sistema electrónico del Registro de Vehículos Motorizados aquellos actos que deban efectuarse de manera presencial.

Ley 21180
Art. 5 Nº 3 b
D.O. 11.11.2019

Artículo 42.- Las inscripciones y anotaciones se realizarán por estricto orden de presentación de la solicitud respectiva.

De igual manera quedarán anotadas dichas solicitudes en el Repertorio Electrónico que se formará con las presentaciones diarias, anotación que valdrá como fecha de la inscripción.

Ley Nº 18.290
Art. 36
D.O. 07.02.1984

Rectificado
D.O. 16.02.1984

El Repertorio será generado diariamente por el Oficial de Registro Civil e Identificación, quien deberá incorporar los datos en el sistema electrónico del Registro de Vehículos Motorizados, certificando el número de anotaciones efectuadas, de conformidad a lo dispuesto en el reglamento referido en el artículo 46.

Ley 21180
Art. 5 N° 4 a. y b
D.O. 11.11.2019

El adquiriente de un vehículo deberá solicitar su inscripción dentro de los treinta días siguientes a la fecha de su adquisición. En caso de que se trate de un vehículo nuevo regirá lo dispuesto en el inciso segundo del artículo 51.

Ley 21539
Art. único N° 1
D.O. 13.02.2023

En los casos en que el título traslaticio de dominio sea autorizado por un notario u otro ministro de fe, éste deberá requerir del vendedor un certificado del Registro de Multas del Tránsito no pagadas, al momento de la celebración del contrato, y solicitar la inscripción a costa del adquirente, en el plazo señalado en el inciso anterior.

Ley N° 18.290
Art. 36
D.O. 07.02.1984

Ley N° 18.597
Art. 1 N° 7
D.O. 29.01.1987

El comprador responderá sólo por las multas empadronadas que figuren en el certificado emitido por el Servicio de Registro Civil e Identificación al momento de la compra. Dicho Servicio se abstendrá de anotar la multa impaga en el Registro de Multas de Tránsito no Pagadas, si el propietario del vehículo que figura en el Registro de Vehículos Motorizados es distinto de quien lo era a la fecha de la infracción. Lo anterior no obsta a la responsabilidad de la persona condenada al pago de la multa.

Ley 20795
Art. 1 N° 1
D.O. 05.12.2014

Ley 20795
Art. 1, N° 2
D.O. 05.12.2014

La inscripción de dominio de los vehículos deberá indicar el domicilio del propietario.

Ley N° 19.841
Art. 1 N° 1
D.O. 19.12.2002

El propietario de un vehículo deberá mantener actualizado su domicilio y el de su representante legal, en su caso, en el Registro de Vehículos Motorizados.

Ley N° 19.841
Art. 1 N° 1
D.O. 19.12.2002

Para los efectos de lo señalado en este artículo, las sociedades y demás personas jurídicas deberán individualizar en la inscripción a su representante legal. Mientras esta inscripción no sea modificada, el representante legal mantendrá dicha calidad para todos los efectos de esta ley y las notificaciones que a él se hagan se entenderán válidamente practicadas.

Ley Nº 19.841
Art. 1 Nº 1
D.O. 19.12.2002

Ley Nº 20.068
Art. 1 Nº 14
D.O. 10.12.2005

Artículo 43.- El Servicio de Registro Civil e Identificación deberá guardar en lugar seguro y adecuado los documentos y demás antecedentes que sirvan de fundamento a las inscripciones y anotaciones.

Ley Nº 18.290
Art. 37
D.O. 07.02.1984

Artículo 44.- Se presumirá propietario de un vehículo motorizado la persona a cuyo nombre figure inscrito en el Registro, salvo prueba en contrario.

Ley Nº 18.290
Art. 38
D.O. 07.02.1984

Artículo 45.- El adquirente de un vehículo motorizado por acto entre vivos o por sucesión por causa de muerte podrá solicitar a través del sistema electrónico del Registro de Vehículos Motorizados del Servicio de Registro Civil e Identificación, de conformidad a lo señalado en el reglamento referido en el artículo 46, que se inscriba el vehículo a su nombre, acreditando previamente el título de dominio. Podrá, igualmente, solicitar un certificado que pruebe haber requerido la inscripción.

Ley 21180
Art. 5 N° 5
D.O. 11.11.2019

Ley Nº 18.290
Art. 39
D.O. 07.02.1984

Artículo 46.- Un reglamento establecerá las menciones que deba contener la inscripción para la adecuada individualización del vehículo y su propietario, así como las demás formalidades que deberán observarse.

Ley Nº 18.290
Art. 40
D.O. 07.02.1984

Asimismo, regulará las materias dispuestas en el artículo 39 bis, y todas aquellas que resulten necesarias para el buen funcionamiento del sistema electrónico del Registro de Vehículos Motorizados.

Ley 21180
Art. 5 N° 6

D.O. 11.11.2019

Artículo 47.- El Servicio de Registro Civil e Identificación deberá informar o certificar, a quien lo solicite, los hechos o actuaciones que consten en el Registro de Vehículos Motorizados.

Ley Nº 18.290
Art. 41
D.O. 07.02.1984

Artículo 48.- Las rectificaciones de errores, omisiones o cualquier modificación equivalente de una inscripción, será autorizada por el Director General del Servicio de Registro Civil e Identificación, de oficio o a petición de parte, debiendo efectuarse una nueva inscripción.

Ley Nº 18.290
Art. 42
D.O. 07.02.1984

Artículo 49.- De la resolución fundada del Director General del Servicio de Registro Civil e Identificación que niegue lugar a una solicitud de inscripción o anotación en el Registro de Vehículos Motorizados, o que no dé lugar a una rectificación, modificación o cancelación solicitada, podrá reclamarse ante el Juez Civil correspondiente al domicilio del requirente, con sujeción a los artículos 175 y 176 del Código Orgánico de Tribunales. Esta reclamación se tramitará sin forma de juicio y la sentencia será apelable en ambos efectos ante la Corte de Apelaciones respectiva, la que conocerá del recurso en cuenta, sin esperar la comparecencia de las partes. El juez no tramitará ninguna reclamación de la resolución aludida sin que se acompañe copia de ella.

El juez, conociendo por vía de reclamación o de solicitud directa, antes de resolver, deberá recabar del Ministerio de Transportes y Telecomunicaciones o de la Secretaría Regional Ministerial correspondiente, un informe técnico otorgado a través de los establecimientos o entidades que éste designe, con el objeto de determinar los datos identificatorios del vehículo. Los costos que genere la tramitación o informe, serán de cargo del requirente de la inscripción o anotación. Igualmente, se recabará este informe tratándose del rechazo de una solicitud de rectificación o modificación de las características del vehículo. Cuando el informe se refiera a un vehículo armado en el país con componentes usados, éste deberá quedar inscrito como "hechizo" y se considerará como su año de fabricación el que corresponda al más antiguo entre el del chasis y el del motor. Este informe técnico podrá ser también solicitado ante el Ministerio de Transportes y Telecomunicaciones o la Secretaría Regional Ministerial correspondiente por el interesado, para ser presentado al juez.

Ley Nº 18.290
Art. 43
D.O. 07.02.1984

Ley Nº 19.071
Art. Único
D.O. 01.08.1991

Del mismo modo, el juez deberá oficiar a la sección encargo y búsqueda de vehículos de Carabineros de Chile para que informe acerca de si el vehículo sobre que versa la reclamación ha sido hurtado o robado o si se ha dispuesto su búsqueda, y cuando corresponda, exigirá la presentación de los documentos aduaneros o las facturas, en los que conste la adquisición del chasis, del motor y de la carrocería.

Una vez obtenidos los antecedentes antes citados, el juez remitirá el expediente al Servicio de Registro Civil e Identificación para su conocimiento y para informarlo.

En toda sentencia que ordene la inscripción de un vehículo motorizado, la rectificación o modificación de la misma, por vía de reclamación o de solicitud directa al tribunal, el juez, además de señalar en ella la placa - patente única, si la tuviere, los datos que caracterizan al vehículo que se establecen en el Reglamento del Registro de Vehículos Motorizados, y la identificación y el número de RUT de su propietario, deberá dejar plenamente identificado y bajo constancia, el haber tenido a la vista los informes a que se refieren los incisos anteriores y los antecedentes presentados por el solicitante para acreditar el dominio.

Asimismo, si se aceptare la reclamación y el interesado hubiere requerido que se mantengan la fecha y la hora de ingreso al repertorio de la solicitud rechazada, el juez lo dispondrá en la sentencia para los efectos establecidos en el artículo 42, sin perjuicio de que el Servicio de Registro Civil e Identificación asigne a la nueva solicitud otro número, fecha y hora de ingreso.

Las municipalidades procederán a girar los permisos de circulación de los vehículos a que se refiere este artículo, a contar de la fecha de ejecutoria de la respectiva sentencia.

Artículo 50.- El Servicio de Registro Civil e Identificación cobrará los derechos que se establezcan por decreto supremo del Ministerio de Justicia, por las inscripciones, anotaciones y certificados que se efectúen u otorguen.

Ley Nº 18.290
Art. 44
D.O. 07.02.1984

§2. DE LA PATENTE ÚNICA, DEL CERTIFICADO DE INSCRIPCIÓN Y DEL CERTIFICADO DEL SEGURO OBLIGATORIO DE ACCIDENTES CAUSADOS POR VEHÍCULOS MOTORIZADOS (ARTS. 51 - 57)

Artículo 51.- Los vehículos motorizados no podrán transitar sin la placa única, el permiso de circulación otorgado por las Municipalidades y el certificado de un seguro obligatorio de accidentes causados por vehículos motorizados.

Todo vehículo motorizado nuevo que se comercialice en el país deberá entregarse por parte de los comercializadores con sus placas patentes únicas instaladas.

Ley Nº 18.290
Art. 45
D.O. 07.02.1984

Ley Nº 18.490
Art. 40 Nº 2
D.O. 04.01.1986

Los comercializadores que infrinjan lo dispuesto en el inciso precedente serán sancionados conforme a lo dispuesto en el inciso cuarto del artículo 204.

Ley 21539
Art. único N° 2
D.O. 13.02.2023

Los remolques y semirremolques que deban inscribirse en el Registro Especial de Remolques y Semirremolques, deberán tener placa patente única, requisito sin el cual no estarán autorizados a transitar.

El certificado del seguro obligatorio de accidentes causados por vehículos motorizados deberá portarse siempre en el vehículo y encontrarse vigente.

Ley N° 19.872
Art. Único N° 2
D.O. 20.06.2003

Ley 21180
Art. 5 N° 7
D.O. 11.11.2019

Artículo 52.- Las patentes serán únicas y definitivas para cada vehículo, salvo las excepciones que indica esta ley.

El Ministerio de Transportes y Telecomunicaciones fijará las letras o números o las combinaciones de ambos y demás menciones que tendrá la placa patente única.

Ley N° 18.290
Art. 46
D.O. 07.02.1984

Asimismo, determinará los colores, forma y dimensiones, condiciones de mantención y visibilidad y demás características y especificaciones técnicas de las placas patentes de los diferentes tipos de vehículos.

Artículo 53.- La obtención de la placa patente única y de la inscripción correspondiente deberá solicitarse a través de cualquiera de las oficinas del Servicio de Registro Civil e Identificación del país, mediante su sistema electrónico, de conformidad a lo dispuesto en el respectivo reglamento. La entrega material de la placa patente única se efectuará en las oficinas habilitadas al efecto. El Servicio de Registro Civil e Identificación dispondrá la habilitación de al menos una oficina en cada región del país para efectos de la entrega material de las placas patentes.

Ley 21180
Art. 5 N° 8
D.O. 11.11.2019

El certificado que dé cuenta de la solicitud de inscripción a que se refiere el inciso anterior deberá otorgarse cada vez que se cambie el titular del dominio del vehículo.

El certificado de inscripción se otorgará en ejemplares cuya forma y especificaciones técnicas las determinará el reglamento y será uniforme para todo el país.

Ley N° 18.290
Art. 47
D.O. 07.02.1984

El certificado de inscripción deberá contener, a lo menos, las siguientes indicaciones:

1. Oficina del Servicio de Registro Civil e Identificación que lo expida;
2. Número de registro, para los efectos de su patente única;
3. Nombres, apellidos y domicilio del propietario del vehículo;
4. Marca, año, modelo del vehículo y los números de fábrica que lo identifiquen;
5. Fecha de emisión del certificado de inscripción;
6. Fecha en que se practicó la inscripción, así como la fecha del cambio del propietario, si lo hubiere, y
7. La anotación sobre denuncias por la apropiación de vehículos a que se refiere el artículo 39.

Ley 21170
Art. 2 N° 2, a), b) y c)

D.O. 26.07.2019

El certificado de inscripción de los camiones y tractocamiones cuyo peso bruto vehicular sea igual o superior a 3.860 kilogramos, deberá contener además las siguientes menciones:

Ley Nº 19.872
Art. Único Nº 3
D.O. 20.06.2003

1.- Peso bruto vehicular;
2.- Número y disposición de los ejes; 3.- Potencia del motor;
4.- Tipo de tracción; 5.- Tipo de carrocería;
6.- En el caso de los camiones ingresados de acuerdo con el inciso segundo del artículo 21 de la ley Nº 18.483, la calificación especial en virtud de la cual ingresó al país y las rectificaciones o modificaciones posteriores;
7.- Placa patente única, y
8.- Las demás que exija el Reglamento.

Artículo 54.- La exigencia de patente única tendrá las siguientes excepciones:

1.- Las Municipalidades podrán otorgar, semestralmente, permisos de circulación provisional a las personas jurídicas con establecimientos comerciales dentro de sus comunas, con el objeto de que sean utilizados por la casa comercial para exhibición en la vía pública de vehículos motorizados nuevos.

Ley Nº 18.290
Art. 48
D.O. 07.02.1984

Ley 21539
Art. único N° 3 a)
D.O. 13.02.2023

Estos permisos se otorgarán en un determinado número, no superior a cinco, para una misma persona jurídica.

Las Municipalidades llevarán un registro de los permisos de circulación provisionales que se otorguen. Junto con ello, el municipio deberá entregar placas provisorias cuyo diseño y características serán fijadas por el Ministerio de Transportes y Telecomunicaciones.

Las Municipalidades que otorguen estos permisos deberán informarlos a la Subsecretaría de Desarrollo Regional y Administrativo en la oportunidad y forma que ésta determine.

2.- Los vehículos extranjeros en tránsito temporal que tengan la placa de su país y que hayan cumplido las exigencias que requiere la patente extranjera;

Ley Nº 18.290
Art. 48
D.O. 07.02.1984

Rectificado
D.O. 16.02.1984

Ley Nº 18.597
Art. 1 Nº 8 a)
D.O. 29.01.1987

3.- Los vehículos nuevos con peso bruto vehicular igual o superior a 3.860 kilogramos, que solo puedan desplazarse por sus propios medios y únicamente para fines de traslado a dependencias del comercializador. El Ministerio de Transportes y Telecomunicaciones determinará la forma y los requisitos con que estos vehículos podrán circular sin el uso de la patente única mediante un reglamento.

Ley 21539
Art. único N° 3 b)
D.O. 13.02.2023

4.- Los vehículos pertenecientes a las Fuerzas Armadas y a Carabineros de Chile, debidamente identificados y destinados exclusivamente a uso militar o policial, según el caso.

Ley N° 18.597
Art. 1 N° 8 c)
D.O. 29.01.1987

Artículo 55.- Si la placa patente original se extravía, se inutiliza o se deteriora gravemente, el propietario del vehículo deberá adquirir un duplicado que cumpla con las especificaciones establecidas por el Ministerio de Transportes y Telecomunicaciones.

Ley N° 18.290
Art. 49
D.O. 07.02.1984

Ley N° 20.068
Art. 1 N° 15
D.O. 10.12.2005

Artículo 56.- Todo vehículo que transite sin llevar la placa patente respectiva, será retirado de la circulación por Carabineros o Inspectores Municipales, para ser puesto a disposición del Juzgado de Policía Local que corresponda. Dichos vehículos serán mantenidos en lugares especialmente habilitados por la Municipalidad para tal efecto, quedando el Juez facultado para ordenar su devolución al propietario tan pronto éste obtenga la placa patente.

El mismo procedimiento se aplicará a los vehículos que transiten sin el permiso de circulación vigente, sin el certificado vigente del seguro obligatorio de accidentes personales, sin el certificado de revisión técnica al día o sin contar con el certificado de homologación individual o que circulen con placa patente oculta, en mal estado o con el número de identificación del vehículo (VIN) o de motor adulterados o borrados.

Ley N° 18.290
Art. 50
D.O. 07.02.1984

Se entenderá que la placa patente se encuentra oculta o en mal estado cuando esté cubierta o mantenga cualquier elemento, fijo o móvil, que dificulte su identificación total o parcialmente o posea un deterioro considerable.

Ley 21601
Art. 1° N° 3
D.O. 11.09.2023

Artículo 57.- El Servicio de Registro Civil e Identificación informará a la Dirección General de Carabineros sobre las inscripciones de vehículos, los cambios de su titular y las cancelaciones que se efectúen.

Ley N° 18.290
Art. 51
D.O. 07.02.1984

TÍTULO IV
DE LA PATENTE EXTRANJERA, DISTINTIVOS Y DOCUMENTOS INTERNACIONALES (ARTS. 58-60)

Artículo 58.- Los vehículos motorizados con patente extranjera que entren al país, en admisión temporal, al amparo de lo establecido en la "Convención sobre la Circulación por Carretera" de Ginebra de 1949, podrán circular libremente en el territorio nacional por el plazo que contempla dicha Convención, siempre que cumplan los siguientes requisitos:

1.- Llevar colocada en la forma reglamentaria la o las placas patentes vigentes, de su país de origen;

Ley Nº 18.290
Art. 52
D.O. 07.02.1984

2.- Llevar colocado en la parte posterior del vehículo el signo distintivo del país al cual corresponde la placa patente, según lo dispone el artículo 20, inciso segundo, anexo 4 de la Convención de Ginebra de 1949;

3.- Ser portador de un certificado internacional para automóviles o padrón del vehículo, según lo dispone el artículo 18, inciso segundo, de esa Convención, y

4.- Estar amparado por documentos aduaneros válidos internacionalmente, según lo dispuesto en el artículo 3º, inciso segundo, de la Convención referida.

Artículo 59.- El titular de una licencia o permiso internacional vigente para guiar vehículos motorizados, expedido en países extranjeros, en conformidad con la Convención de Ginebra, podrá conducir en todo el territorio de la República y quedará sometido a las prescripciones de la presente ley y demás normas legales o reglamentarias.

Las entidades nacionales que obtengan reconocimiento internacional, de conformidad con la Convención de Ginebra sobre Circulación Caminera, promulgada por decreto supremo Nº 485, de 30 de agosto de 1960, del Ministerio de Relaciones Exteriores, deberán acreditarse ante el Ministerio de Transportes y Telecomunicaciones y estarán facultadas para otorgar permisos internacionales que habiliten a conducir en el extranjero.

Ley Nº 18.290
Art. 53
D.O. 07.02.1984

Ley Nº 20.046
Art. Único Nº 2 a)
D.O. 30.09.2005

Ley Nº 20.046
Art. Único Nº 2 b)
D.O. 30.09.2005

Artículo 60.- El conductor de un vehículo con patente extranjera que posea licencia o permiso internacional para conducir, deberá entregar, cada vez que se lo solicite la autoridad, los comprobantes que habiliten tanto la circulación del vehículo como el uso y vigencia de su documentación personal.

Los vehículos motorizados que tengan matrícula extranjera y que ingresen provisoria o temporalmente al país, sin que les resulten aplicables normas sobre seguros en virtud de convenios o acuerdos internacionales, deberán contratar un seguro que contemple, a lo menos, las características, coberturas e indemnizaciones del establecido en la ley Nº 18.490. Adicionalmente, se podrá exigir un seguro de responsabilidad civil. Estos seguros deberán contratarse con compañías de seguros chilenas o extranjeras que tengan convenios con compañías de seguros nacionales. Si estos vehículos intervinieren en accidentes del tránsito, Carabineros de Chile procederá a retirar la documentación de ingreso provisorio o temporal del vehículo, expedida por el Servicio Nacional de Aduanas, para entregarla al tribunal o fiscalía competente, según corresponda. El Ministerio de Transportes y Telecomunicaciones, previo informe de la Superintendencia de Valores y Seguros, establecerá el origen de las matrículas de los vehículos que deberán contratar los seguros señalados y sus características, coberturas, indemnizaciones y demás materias técnicas que sean pertinentes.

Ley N° 18.290
Art. 54
D.O. 07.02.1984

Ley N° 20.046
Art. Único N° 3 a)
D.O. 30.09.2005

El Juez de Policía Local que conozca de la correspondiente denuncia, podrá suspender el uso de la respectiva licencia o permiso internacional en caso de comprobarse alguna contravención de su titular a la normativa del tránsito o de transporte terrestre dictada por el Ministerio de Transportes y Telecomunicaciones.

Ley N° 20.046
Art. Único N° 3 b)
D.O. 30.09.2005

Ley N° 18.290
Art. 54
D.O. 07.02.1984

Ley N° 20.046
Art. Único N° 3 c)
D.O. 30.09.2005

TÍTULO V
DE LAS CONDICIONES TÉCNICAS, DE LA CARGA, DE LAS MEDIDAS DE SEGURIDAD Y DE LOS DISTINTIVOS Y COLORES DE CIERTOS VEHÍCULOS
(ARTS. 61-83)

Artículo 61.- Los vehículos deberán estar provistos de los sistemas y accesorios que la ley establece, los que deberán estar en perfecto estado de funcionamiento, de manera que permitan al conductor maniobrar con seguridad.

El remolque de vehículos motorizados deberá efectuarse en las condiciones que determine el reglamento.

Ley N° 18.290
Art. 55
D.O. 07.02.1984

Ley N° 20.068
Art. 1 N° 16
D.O. 10.12.2005

§1. DE LAS CONDICIONES TÉCNICAS (ARTS. 62 - 63)

Artículo 62.- Los vehículos deberán reunir las características técnicas de construcción, dimensiones y condiciones de seguridad, comodidad, presentación y mantenimiento que establezca el Ministerio de Transportes y Telecomunicaciones, y no podrán exceder los pesos máximos permitidos por el Ministerio de Obras Públicas. En el caso específico de los vehículos pertenecientes a los Cuerpos de Bomberos y de aquellos utilizados por el Servicio de Seguridad, Salvamento y Extinción de Incendios de la Dirección General de Aeronáutica Civil, las características técnicas y pesos máximos permitidos deberán considerar a lo menos la necesidad de su adecuada y oportuna intervención en el auxilio de incendios y otros siniestros, sus especiales características funcionales y su flujo de circulación.

Ley 21137
Art. ÚNICO N° 1
D.O. 06.02.2019

Ley 21416
Art. único N° 3
D.O. 14.02.2022

No podrán transitar los vehículos que excedan los pesos máximos permitidos.

Ley Nº 18.290
Art. 56
D.O. 07.02.1984

Los vehículos motorizados deberán contar con su placa patente única grabada, de forma permanente, en sus vidrios y espejos laterales. Un reglamento del Ministerio de Transportes y Telecomunicaciones deberá establecer las características de este grabado.

Ley Nº 19.171
Art. 2 b)
D.O. 23.10.1992

Ley 21601
Art. 1° N° 4
D.O. 11.09.2023

NOTA

El artículo segundo transitorio de la ley 21601, publicada el 11.09.2023, dispone que la dictación del reglamento a que se refiere la presente norma, deberá efectuarse en el plazo de seis meses contado desde la publicación de esta ley en el Diario Oficial. Adicionalmente, establece que la obligación de grabar la placa patente única en vidrios y espejos laterales de los vehículos motorizados será aplicable conforme a lo siguiente: a) para vehículos nuevos, la obligación será exigible desde el cuarto mes de publicado el reglamento en el Diario Oficial; b) para vehículos comercializados con anterioridad a la publicación de esta ley, la obligación será exigible luego de transcurridos doce meses desde la publicación del reglamento en el Diario Oficial.

La Ley 21659, Art. 119 N° 1, D.O. 21.03.2024 modificó este Artículo, lo que depende del siguiente evento para que entre en vigencia: Las modificaciones introducidas a la presente norma por la ley 21659 publicada el 21.03.2024, comenzarán a regir seis meses después de la publicación en el Diario Oficial del último de sus reglamentos complementarios, conforme a lo dispuesto en su artículo primero transitorio.

Artículo 63.- En casos de excepción debidamente calificados, y tratándose de cargas indivisibles la Dirección de Vialidad podrá autorizar la circulación de vehículos que excedan las dimensiones o pesos establecidos como máximos, con las precauciones que en cada caso se disponga.

Esta autorización deberá ser comunicada, oportunamente, a Carabineros de Chile con el objeto de que adopte las medidas de seguridad necesarias para el desplazamiento de dichos vehículos.

Ley N° 18.290
Art. 57
D.O. 07.02.1984

Rectificado
D.O. 16.02.1984

Ley N° 19.171
Art. 2 c) N° 1
D.O. 23.10.1992

Dichas autorizaciones estarán sujetas a un cobro de los derechos que se establezcan por decreto supremo del Ministerio de Obras Públicas, a beneficio de la Dirección de Vialidad.

Ley N° 18.290
Art. 57
D.O. 07.02.1984

Rectificado
D.O. 16.02.1984

Ley N° 19.171
Art. 2 c) N° 2
D.O. 23.10.1992

§2. DE LA CARGA
(ARTS. 64 - 67)

Artículo 64.- El transporte de carga deberá efectuarse en las condiciones de seguridad que determinen los reglamentos y en vehículos que reúnan los requisitos que aquellos contemplen.

Todo vehículo que transporte carga de terceros debe justificarla con la carta de porte a que se refieren los artículos 173° y siguientes del Código de Comercio. La infracción a lo dispuesto en este inciso, será sancionada con multa de 3 a 10 unidades tributarias mensuales, quedando obligados solidariamente a su pago el conductor infractor, el porteador y el cargador.

Ley N° 18.290
Art. 58
D.O. 07.02.1984

Ley N° 20.068
Art. 1 N° 17

D.O. 10.12.2005

Artículo 65.- La carga no podrá exceder los pesos máximos que las características técnicas del vehículo permitan, y deberá estar estibada y asegurada de manera que evite todo riesgo de caída desde el vehículo.

Ley Nº 18.290
Art. 59
D.O. 07.02.1984

Artículo 66.- No se podrá transportar materias peligrosas en vehículos de alquiler ni en los destinados al transporte colectivo de personas.

Ley Nº 18.290
Art. 60
D.O. 07.02.1984

Artículo 67.- En los vehículos motorizados de carga no se podrá transportar personas en los espacios destinados a carga, cualquiera que sea la clase de vehículo, salvo en casos justificados, y adoptando las medidas de seguridad apropiadas.

En ningún caso los vehículos motorizados de tres ruedas destinados al transporte de carga podrán transportar personas en los espacios destinados a carga.

Ley Nº 18.290
Art. 61
D.O. 07.02.1984

Ley Nº 19.495
Art. 1 Nº 22
D.O. 08.03.1997

Ley 21088
Art. 1 N° 9
D.O. 10.05.2018

§3. DEL TRANSPORTE DE CONCENTRADOS MINERALES

Ley 21425
Art. único N° 1
D.O. 15.02.2022

Artículo 67 bis.- El transporte de concentrados minerales deberá realizarse siempre por medios herméticos y con los grados de humedad necesarios para evitar su volatilidad.

Se entenderá que el transporte se realiza de la manera antes indicada, cuando se haga por medios estancos a pulverulentos, que impidan el paso de líquidos y sólidos, desde y hacia la carga que se transporta, a fin de evitar cualquier derrame eventual o accidental durante el traslado.

Ley 21425
Art. único N° 1
D.O. 15.02.2022

Artículo 67 ter.- Un reglamento expedido por los ministerios de Transportes y Telecomunicaciones, de Minería y del Medio Ambiente determinará la forma en que se realizará la carga, transporte y descarga de minerales y de concentrados de minerales como también las obligaciones del generador de la carga en tal procedimiento. Lo anterior, con el objetivo de impedir la emisión de partículas al aire libre en el transporte de dichos elementos.

Ley 21425
Art. único N° 1
D.O. 15.02.2022

El referido reglamento se deberá dictar dentro del plazo de ciento veinte días desde la fecha de publicación de la presente ley.

§4. DE LAS MEDIDAS DE SEGURIDAD (ARTS. 68 - 81)

Ley 21425
Art. único N° 1
D.O. 15.02.2022

Artículo 68.- Los remolques y semirremolques estarán unidos al vehículo tractor con los elementos de seguridad que determine el reglamento.

A estos vehículos les serán aplicables las normas referentes a revisión técnica y a seguridad, en lo que fueran pertinentes, según su capacidad de carga y especialidad.

Ley N° 18.290
Art. 62
D.O. 07.02.1984

Ley N° 20.068
Art. 1 N° 18
D.O. 10.12.2005

Artículo 69.- Los vehículos motorizados deberán estar equipados con neumáticos en buen estado. No podrán circular aquellos cuyos neumáticos tengan sus bandas de rodadura desgastadas o hayan perdido sus condiciones de adherencia al pavimento, ni con reparaciones que afecten la seguridad del tránsito.

Ley N° 18.290
Art. 63
D.O. 07.02.1984

Artículo 70.- Los vehículos deberán contar con el o los sistemas de freno, luces y elementos retroreflectantes que determine el reglamento.

Ley N° 18.290
Art. 64
D.O. 07.02.1984

Ley N° 20.068
Art. 1 N° 19
D.O. 10.12.2005

Ley N° 18.290
Art. 65 a 70
D.O. 07.02.1984

Ley N° 20.068
Art. 1° N° 20
D.O. 10.12.2005

Artículo 71.- Se prohíbe el uso, adosamiento o la conducción con luces o focos distintos o adicionales a los permitidos por la ley o sus reglamentos.

Ley 21601

Art. 1° N° 5
D.O. 11.09.2023

Sólo los vehículos de emergencia y los demás que determine el reglamento que se dicte podrán o deberán estar provistos de dispositivos luminosos, fijos o giratorios, y su uso se sujetará a lo que el reglamento respectivo determine.

Ley N° 18.290
Art. 71
D.O. 07.02.1984

Ley N° 20.068
Art. 1 N° 21
D.O. 10.12.2005

Artículo 72.- Desde media hora después de la puesta de sol, hasta media hora antes de su salida y cada vez que las condiciones del tiempo lo requieran o el reglamento lo determine, los vehículos deberán llevar encendidas las luces que éste establezca.

Sin embargo, las motocicletas, bicimotos, motonetas y similares, deberán circular permanentemente con sus luces fijas encendidas y las bicicletas deberán contar con elementos reflectantes.

Ley N° 18.290
Art. 72
D.O. 07.02.1984

Ley N° 20.068
Art. 1 N° 22
D.O. 10.12.2005

Artículo 73.- Los vehículos motorizados circularán con luz baja en las vías públicas urbanas y con luz alta en los caminos y vías rurales.

En las vías rurales, cuando se aproximen dos vehículos en sentido contrario, ambos conductores deberán bajar las luces delanteras a una distancia prudente no menor de doscientos metros y apagar cualquier otro foco que pueda causar encandilamiento. También deberá bajar sus luces el vehículo que se acerque a otro por atrás.

Ley N° 18.290
Art. 73
D.O. 07.02.1984

En ningún caso deberán usarse luces de estacionamiento cuando el vehículo esté en movimiento.

Ley N° 18.290
Art. 74 a 77
D.O. 07.02.1984

Ley N° 20.068
Art. 1° N° 20
D.O. 10.12.2005

Artículo 74.-. Prohíbese en las zonas urbanas el uso de cualquier aparato sonoro de que estén provistos los vehículos.

En las vías rurales podrá hacerse uso de ellos sólo en caso necesario.

Ley N° 18.290
Art. 78

D.O. 07.02.1984

Ley N° 18.290
Art. 78
D.O. 07.02.1984

Exceptúanse de esta prohibición los vehículos de emergencia en servicio de carácter urgente. Con todo, los demás vehículos podrán hacer uso de sus elementos sonoros, por excepción, para prevenir un accidente y sólo en el caso de que su uso fuere estrictamente necesario.

No podrá hacerse uso del aparato sonoro de un vehículo en el interior, al entrar o salir de un túnel.

Ley N° 18.290
Art. 78
D.O. 07.02.1984

Ley N° 20.068
Art. 1 N° 23
D.O. 10.12.2005

Ley N° 18.290
Art. 78
D.O. 07.02.1984

Artículo 75.- Los vehículos motorizados según tipo y clase estarán provistos, además, de los siguientes elementos:

Ley N° 18.290
Art. 79
D.O. 07.02.1984

Ley N° 18.931
Art. 1 N° 4
D.O. 15.02.1990

1.- Vidrios de seguridad que permitan una perfecta visibilidad desde y hacia el interior del vehículo. Podrá contar con vidrios oscuros o polarizados que cumplan con los factores de transmisión regular de la luz u otras cualidades ópticas, y las certificaciones, establecidas en el reglamento.

Prohíbese la colocación en ellos de cualquier objeto que impida la plena visual;

Ley 21147
Art. ÚNICO
D.O. 01.03.2019

2.- Limpiaparabrisas;

Ley N° 18.290
Art. 79
D.O. 07.02.1984

Ley N° 20.068
Art. 1 N° 24 a)
D.O. 10.12.2005

3.- Espejo interior regulable, que permita al conductor una retrovisual amplia.

Tratándose de los vehículos de carga, de movilización colectiva o de características que hagan imposible la retrovisual desde el interior del mismo, llevarán dos espejos laterales externos;

Ley Nº 18.290
Art. 79
D.O. 07.02.1984

4.- Velocímetro;

Ley Nº 18.290
Art. 79
D.O. 07.02.1984

5.- Parachoques delantero y trasero adecuados y proporcionados, que no excedan al ancho del vehículo;

Ley Nº 18.290
Art. 79
D.O. 07.02.1984

6.- Extintor de incendio;

Ley Nº 18.290
Art. 79
D.O. 07.02.1984

7.- Dispositivos para casos de emergencia que cumplan con los requisitos que el reglamento determine;

8.- Rueda de repuesto en buen estado y los elementos necesarios para el reemplazo, salvo en aquellos casos que determine el reglamento;

Ley Nº 18.290
Art. 79
D.O. 07.02.1984

9.- Botiquín que contenga elementos de primeros auxilios y dos cuñas de seguridad, en los vehículos de carga, de locomoción colectiva y de transporte de escolares, y

Ley Nº 18.290
Art. 79
D.O. 07.02.1984

Ley Nº 20.068
Art. 1 Nº 24 b)
D.O. 10.12.2005

10.- Cinturones de seguridad para los asientos delanteros.

El uso de cinturón de seguridad será obligatorio para los ocupantes de los asientos delanteros. Igual obligación regirá para los ocupantes de asientos traseros de vehículos livianos, definidos por el decreto supremo Nº 211, de 1991, del Ministerio de Transportes y Telecomunicaciones, cuyo año de fabricación sea 2002 o posterior. En los servicios de transporte de pasajeros en taxis, cualquiera sea su modalidad, la responsabilidad del uso del cinturón de seguridad recae en el pasajero, salvo que dicho elemento no funcione, en cuyo caso será imputable a su propietario.

Ley Nº 18.290
Art. 79
D.O. 07.02.1984

Ley Nº 20.068
Art. 1 Nº 24 c)
D.O. 10.12.2005

Ley N° 18.290
Art. 79
D.O. 07.02.1984

Se prohíbe el traslado de menores de doce años en los asientos delanteros en automóviles, camionetas, camiones y similares, excepto en aquellos de cabina simple.

Ley N° 18.290
Art. 79
D.O. 07.02.1984

Ley N° 20.068
Art. 1 N° 24 d)
D.O. 10.12.2005

Los conductores serán responsables del uso obligatorio de sistema de retención infantil para niños de hasta 8 años, inclusive, o estatura de 135 centímetros y 33 kilogramos de peso que viajen en los asientos traseros de los vehículos livianos, de acuerdo a las exigencias y el calendario que fijará el reglamento. Asimismo, este reglamento establecerá las categorías de los sistemas de retención infantil, de acuerdo a la edad, peso y estatura de los menores. Se exceptúan de esta obligación, los servicios de transporte de pasajeros en taxis, en cualquiera de sus modalidades.

Ley N° 20.068
Art. 1 N° 24 e)
D.O. 10.12.2005

Los vehículos de transporte escolar deberán estar equipados con cinturón de seguridad para todos sus pasajeros y su uso será obligatorio en todos los vehículos cuyo año de fabricación sea 2007 en adelante.

Ley 20904
Art. ÚNICO N° 1 b), i
D.O. 16.03.2016

Las mismas obligaciones establecidas en el inciso anterior regirán para los minibuses cuyo año de fabricación sea 2012 en adelante.

Ley 20904
Art. ÚNICO N° 1 a)
D.O. 16.03.2016

Los buses que presten servicios de transporte interurbano público o privado de pasajeros deberán estar equipados con cinturón de seguridad en todos sus asientos. Su uso será obligatorio para el pasajero, salvo que dicho elemento no funcione, en cuyo caso la infracción a esta obligación será imputable al propietario del vehículo. Esta obligación será exigible a los buses que presten servicios de transporte público interurbano de pasajeros cuyo año de fabricación sea 2008 en adelante. En los buses de transporte privado interurbano de pasajeros dichas exigencias serán aplicables en vehículos cuyo año de fabricación sea 2012 o posterior. Sin perjuicio de lo anterior, su uso será obligatorio en todos aquellos vehículos que dispongan de cinturón de seguridad, cualquiera sea su año de fabricación, pudiendo el conductor del vehículo solicitar el descenso del pasajero que se niegue a usarlo, además de la multa a que se expone el pasajero.

Ley 20904
Art. ÚNICO N° 1 b), ii, iii
D.O. 16.03.2016

Ley 20904
Art. ÚNICO N° 1 b), iv
D.O. 16.03.2016

Ley 20508
Art. ÚNICO a)
D.O. 18.04.2011

Artículo 76.- Se prohíbe el transporte de animales domésticos en los asientos delanteros de los vehículos. Cuando éstos sean transportados en la parte trasera de camionetas u otros vehículos abiertos, deberán ir suficientemente asegurados con arneses especiales.

Ley N° 18.290
Art. 80
D.O. 07.02.1984

Ley N° 20.068
Art. 1 N° 25
D.O. 10.12.2005

Artículo 77.- Los vehículos con motores de combustión interna no podrán transitar con escape libre e irán provistos de un silenciador eficiente.

El Ministerio de Transportes y Telecomunicaciones podrá determinar otras reglas respecto de los vehículos de carga o de locomoción colectiva.

Ley N° 18.290
Art. 81
D.O. 07.02.1984

Ley N° 20.068
Art. 1 N° 26
D.O. 10.12.2005

Ley N° 18.290
Art. 81
D.O. 07.02.1984

Artículo 78.- Los vehículos motorizados deberán estar equipados, ajustados o carburados de modo que el motor no emita materiales o gases contaminantes en un índice superior a los permitidos.

Quedarán exceptuados de lo dispuesto en el inciso anterior los vehículos pertenecientes a los Cuerpos de Bomberos y aquellos utilizados por el Servicio de Seguridad, Salvamento y Extinción de Incendios de la Dirección General de Aeronáutica Civil.

Ley 21137
Art. ÚNICO N° 2
D.O. 06.02.2019

Cuando Carabineros constate técnicamente que un vehículo ha superado dichos índices, podrá retirarlo de la circulación, poniéndolo a disposición del tribunal competente en los lugares habilitados por las Municipalidades, de los cuales únicamente podrá retirarlo con autorización del Juez, que la otorgará con el objeto de que el infractor solucione el problema de contaminación denunciado. En estos casos se aplicará el Artículo 156 de esta Ley.

Ley 21416
Art. único N° 4
D.O. 14.02.2022

El Juez podrá absolver al conductor que, denunciado por conducir un vehículo con emanación de gases, acreditare haber reparado el vehículo y subsanado la causa de la emanación a la fecha de su comparecencia al Tribunal, mediante certificado expedido por un establecimiento competente.

Ley N° 18.290
Art. 82
D.O. 07.02.1984

Ley N° 18.563
Art. Único a)
D.O. 16.10.1986

Artículo 79.- Ningún vehículo podrá usarse para llevar mayor número de personas que aquél para el cual fue diseñado o equipado. Tratándose de motocicletas, motonetas y bicimotos, el acompañante deberá ir sentado a horcajadas.

Ley 21088
Art. 1 N° 10 a), b),c)
D.O. 10.05.2018

Ley N° 18.290
Art. 83
D.O. 07.02.1984

Artículo 80.- Todo conductor de motocicletas, motonetas, bicimotos y su acompañante deberán usar casco protector reglamentario. El uso de casco protector, en el caso de las bicicletas, será exigible sólo en las zonas urbanas.

Ley N° 18.290
Art. 84
D.O. 07.02.1984

Ley N° 20.068
Art. 1 N° 27
D.O. 10.12.2005

Artículo 81.- En los vehículos de tracción animal deberán usarse animales adiestrados y con arneses que reúnan condiciones que permitan mantener el control del vehículo y proporcionen seguridad a los ocupantes.

Ley N° 18.290
Art. 85
D.O. 07.02.1984

Ley N° 20.068
Art. 1 N° 28
D.O. 10.12.2005

§5. DISTINTIVOS Y COLORES DE CIERTOS VEHÍCULOS (ARTS. 82 - 83)

Ley 21425
Art. único N° 1
D.O. 15.02.2022

Artículo 82.- Prohíbese el uso de gallardetes o banderines en el exterior de los vehículos, excepto en los pertenecientes a las Fuerzas Armadas y Carabineros de Chile, Cuerpo de Bomberos y ambulancias en general.

Esta prohibición no regirá en los días de aniversario Patrio.

Ley N° 18.290
Art. 86
D.O. 07.02.1984

Artículo 83.- Sólo los vehículos de las Fuerzas Armadas, de las Fuerzas de Orden y Seguridad Pública y del Cuerpo de Bomberos podrán usar los colores, elementos y distintivos reglamentarios de sus respectivas instituciones.

Los demás vehículos que por su función requieran de una identificación especial usarán los colores y distintivos que el Ministerio de Transportes y Telecomunicaciones determine, los que serán exclusivos.

Ley N° 18.290
Art. 87
D.O. 07.02.1984

TÍTULO VI
DEL TRANSPORTE PÚBLICO DE PASAJEROS
(ARTS. 84-88)

Ley 21083
Art. 1 N° 2
D.O. 05.04.2018

§1. DEL TRANSPORTE PUBLICO DE PASAJEROS (ARTS. 84 - 87)

Artículo 84.- Ningún vehículo podrá destinarse ni mantenerse en la prestación de servicio público de transporte de pasajeros sin haber dado cumplimiento a las normas específicas que se determinen para los mismos.

Ley N° 18.290
Art. 88
D.O. 07.02.1984

Ley N° 19.495
Art. 1° N° 23 a)
D.O. 08.03.1997

En los vehículos de transporte público de pasajeros con capacidad para más de 24 personas, que presten servicio urbano en las ciudades de Santiago, San Bernardo y Puente Alto, quedará prohibido que el conductor desempeñe simultáneamente las funciones de conductor y de cobrador o expendedor de boletos. En estos vehículos, deberá existir un cobrador o instalarse un sistema de cobro automático de la tarifa. En las demás ciudades de más de 200.000 habitantes, el Presidente de la República, por decreto fundado, podrá exigir el cumplimiento de esta obligación en los plazos y condiciones que determine.

Ley N° 19.495
Art. 1° N° 23 b)
D.O. 08.03.1997

Ley N° 19.773
Art. Único
D.O. 26.11.2001

Artículo 85.- Los servicios de locomoción colectiva de pasajeros y de taxis, deberán ajustarse en su operación a las normas que para los efectos determine el Ministerio de Transportes y Telecomunicaciones.

Ley N° 18.290
Art. 89
D.O. 07.02.1984

Artículo 86.- Al ser requerido por un pasajero, de palabra o mediante la señal correspondiente, o cuando haya personas que deseen subir al vehículo, el conductor estará obligado a detener su marcha completamente en el paradero más próximo. La detención deberá hacerse siempre al costado derecho de los caminos, sobre la berma, y en la vía urbana, junto a la acera, o al costado izquierdo cuando exista una zona destinada exclusivamente para la detención de los vehículos de transporte público remunerado de pasajeros o cuando las condiciones así lo permitan y lo autorice el Secretario Regional Ministerial de Transportes y Telecomunicaciones respectivo.

Ley 20877
Art. 3 N° 2
D.O. 30.11.2015

Ley N° 18.290
Art. 90
D.O. 07.02.1984

Artículo 87.- Prohíbese a los conductores de estos vehículos:

1.- Proveerlos de combustible con personas en su interior;

Ley N° 18.290
Art. 91
D.O. 07.02.1984

Ley N° 19.495
Art. 1° N° 2 4
D.O. 08.03.1997

2.- Llevar pasajeros en las pisaderas y no mantener cerradas las puertas del vehículo cuando se encuentre en movimiento;

Ley N° 18.290
Art. 91 N° 1
D.O. 07.02.1984

3.- Admitir individuos que fumen o que no guarden compostura debida, o que ejerzan la mendicidad.

Ley 20580
Art. 1 N° 1
D.O. 15.03.2012

4.- Admitir animales, canastos, bultos o paquetes que molesten a los pasajeros o que impidan la circulación por el pasillo del vehículo. Exceptúanse de esta prohibición, los perros de asistencia que acompañen a pasajeros con discapacidad;

Ley N° 18.290
Art. 91 N° 3
D.O. 07.02.1984

5.- Ponerlo en movimiento o no detenerlo completamente cuando hayan pasajeros que deseen subir o bajar del vehículo;

Ley Nº 18.290
Art. 91 Nº 4
D.O. 07.02.1984

Ley Nº 20.068
Art. 1º Nº 29
D.O. 10.12.2005

6.- Aumentar o disminuir la velocidad del vehículo con el objeto de disputarse pasajeros, entorpeciendo la circulación y el buen servicio, y

Ley Nº 18.290
Art. 91 Nº 4
D.O. 07.02.1984

Ley Nº 20.068
Art. 1º Nº 29
D.O. 10.12.2005

7.- Fumar en el interior del vehículo.

Ley Nº 18.290
Art. 91 Nº 6
D.O. 07.02.1984

Ley Nº 18.290
Art. 91 Nº 7
D.O. 07.02.1984

Artículo 87 bis.- Se podrá ejercer el comercio o actividades artísticas a bordo de vehículos de transporte urbano de pasajeros, en las siguientes condiciones:

Ley 20580
Art. 2
D.O. 15.03.2012

a) Los trabajadores vendedores ambulantes independientes del transporte deberán contar con iniciación de actividades como tales ante el Servicio de Impuestos Internos.

Ley 20388
Art. ÚNICO N° 2
D.O. 07.11.2009

b) En el caso de que dichos trabajadores se encuentren, además, organizados y registrados como sindicato de trabajadores independientes en la Dirección del Trabajo, podrán solicitar, a su costo, la emisión de una credencial que los acredite como tales.

c) Los trabajadores que ejerzan este oficio deberán acreditar el origen de las mercaderías que expendan y exhibir la copia de su iniciación de actividades, ante el requerimiento que en cualquier momento efectúe la fuerza pública.

d) Las empresas de transporte urbano de pasajeros podrán acordar con los sindicatos de trabajadores independientes la emisión de credenciales que permitan el ejercicio de esta actividad.

e) Los conductores del transporte urbano de pasajeros no podrán negarse al ejercicio de esta actividad en sus respectivas máquinas, salvo si ello implica, en un momento determinado, un peligro de accidente vial, o bien entorpece de manera manifiesta y evidente la comodidad de los pasajeros, especialmente en las horas de mayor congestión. Asimismo, deberán negarse a la subida de un vendedor en paraderos no autorizados.

f) El conductor podrá exigir la exhibición de la copia de la respectiva iniciación de actividades o su certificado para permitir el ingreso de un vendedor.

§2. DE LAS OBLIGACIONES DE LOS PASAJEROS

Ley 21083
Art. 1 N° 3
D.O. 05.04.2018

Artículo 88.- Los pasajeros tienen la obligación de pagar la tarifa, respetar las normas de comportamiento que determinan la ley, la moral y las buenas costumbres y abstenerse de ejecutar cualquier acto que impida el normal desempeño del conductor. Este último tendrá la facultad de no admitir a personas que puedan causar problemas o desórdenes al interior del vehículo o que se encuentren en manifiesto estado de ebriedad. Asimismo, les estará estrictamente prohibido fumar.

Ley 20580
Art. 1 N° 2
D.O. 15.03.2012

§3. DEL ACCESO AL TRANSPORTE PÚBLICO REMUNERADO DE PASAJEROS Y SU CONTROL

Ley 21083
Art. 1 N° 4
D.O. 05.04.2018

Artículo 88 bis.- Al Ministerio de Transportes y Telecomunicaciones le corresponde definir y regular la confección, entrega, condiciones y procedimiento de uso, supervisión, vigencia, caducidad, retiro y reposición de cualquier instrumento o mecanismo que permita el uso del transporte público remunerado de pasajeros. Cuando se trate de instrumentos o mecanismos destinados a estudiantes, tales como el pase escolar o pase de educación superior, dicha reglamentación corresponderá conjuntamente a los Ministerios de Transportes y Telecomunicaciones y de Educación.

Ley 21083
Art. 1 N° 4
D.O. 05.04.2018

Para estos efectos, el o los Ministerios, según corresponda, podrán, por sí o a través de terceros, emitir instrumentos o mecanismos que permitan el uso del transporte público remunerado por plazos diarios, semanales, mensuales o anuales, los cuales podrán, a través de tarifas fijas o diferenciadas, incentivar su adquisición por parte de los pasajeros.

Las cuotas de transporte contenidas en los medios de acceso al transporte público remunerado de pasajeros estarán sujetas a las siguientes disposiciones:

Ley 21329
Art. ÚNICO
D.O. 07.05.2021

a) Transcurridos dos años de inactividad desde la última carga o uso de cuotas de transporte contenidas en un medio de acceso de prepago basado en monedero (saldo almacenado en la tarjeta), el titular de dicho medio de acceso podrá solicitar la extensión de la vigencia de dichas cuotas de transporte, por un año más, o bien transferirlas a otro medio de acceso, previa acreditación de titularidad, tenencia sostenida o historial de carga de ellas. En caso de no solicitar la extensión o al término de esta última, las cuotas de transporte contenidas en el medio de acceso quedarán irrevocablemente vencidas.

b) Transcurridos cinco años de inactividad desde la última carga o uso de cuotas de transporte contenidas en un medio de acceso de prepago basado en cuentas de transporte ABT (AccountBasedTicketing) con saldo almacenado centralmente en un repositorio digital o nube, las cuotas de transporte contenidas en dicho medio de acceso quedarán irrevocablemente vencidas.

Asimismo, el o los Ministerios, según corresponda, podrán celebrar todo acto o contrato orientado a proveer de los instrumentos o mecanismos que permitan el uso del transporte público remunerado a través de otros medios de común utilización, como tarjetas de crédito, prepago o débito de bancos o instituciones financieras, e instituciones no bancarias autorizadas por la ley; tarjetas o instrumentos magnéticos, electrónicos o cualquier sistema análogo emitido por privados para fines particulares, tales como proveer de transporte a los trabajadores, funcionarios o usuarios de un establecimiento, y homologarlos para su utilización como medio que permita el acceso al sistema de transporte público remunerado de pasajeros.

En el momento de la entrega de un instrumento o mecanismo que permita el acceso al transporte público remunerado de pasajeros, podrá solicitarse la individualización y el domicilio del requirente, quien lo entregará de forma voluntaria, para el solo efecto de acreditar su calidad de beneficiario o usuario frecuente, por medio de la exhibición de documentos de identificación expedidos por la autoridad pública, como cédula de identidad, licencia de conducir o pasaporte. Con todo, sólo podrán acceder a los beneficios quienes estén incorporados al "Registro de Usuarios".

Los antecedentes requeridos de conformidad a lo establecido en el inciso precedente serán incorporados en un "Registro de Usuarios", a cargo del Ministerio de Transportes y Telecomunicaciones, cuyas finalidades serán velar por el correcto otorgamiento de los beneficios derivados del uso del transporte público, constatar el debido uso de los referidos mecanismos o instrumentos y verificar el uso frecuente del transporte público por parte de los usuarios, así como para propósitos estadísticos y para el desarrollo de políticas públicas asociadas al transporte público remunerado de pasajeros.

Los órganos del Estado podrán efectuar, en el marco de sus atribuciones, el tratamiento de los datos personales contenidos en el "Registro de Usuarios", en la medida que lo hagan de manera adecuada y pertinente con las finalidades del mismo. Con todo, la información que provenga de instrumentos como el pase escolar, o de cualquier otro instrumento o mecanismo que pertenezca a un niño, niña o adolescente, deberá ser especialmente protegida por el Ministerio de Transportes y Telecomunicaciones, extremando las medidas de seguridad adecuadas y velando por que su tratamiento sólo se efectúe atendiendo al interés superior de todas las personas menores de 18 años.

La información contenida en el "Registro de Usuarios" será reservada, de conformidad con lo dispuesto en el inciso segundo del artículo 8° de la Constitución Política de la República, por afectarse con su publicidad los derechos de las personas. Sin perjuicio de ello, los titulares de los datos consignados en el Registro podrán acceder gratuitamente a éstos y ejercer los demás derechos establecidos en la ley N° 19.628, sobre Protección de la Vida Privada.

Tratándose de solicitudes de información efectuadas de conformidad con lo dispuesto en la ley de transparencia de la función pública y de acceso a la información de la Administración del Estado, contenida en el artículo primero de la ley N° 20.285, los datos de carácter personal del "Registro de Usuarios" que en ellas se requieran estarán protegidos por la causal de reserva establecida en el numeral 2 del artículo 21 de dicho cuerpo legal.

Para todos los efectos legales, el pase escolar, pase de educación superior y cualquier instrumento o mecanismo que permita el uso del transporte público remunerado de pasajeros con una franquicia, exención o rebaja tarifaria, es un instrumento de carácter público, personal e intransferible. Por pase escolar o pase de educación superior se entiende aquél regulado por el decreto N° 20, del Ministerio de Transportes y Telecomunicaciones, del año 1982, y todas sus modificaciones, o la normativa que lo reemplace.

Artículo 88 ter.- Carabineros de Chile, los inspectores fiscales y municipales y el personal autorizado de ferrocarriles que preste servicios de transporte de pasajeros podrán retener o solicitar la inutilización del instrumento o mecanismo que permita el acceso del transporte público, en el caso de constatarse el uso indebido de éste, debiendo efectuar la denuncia respectiva y, cuando corresponda, entregar al infractor constancia de la retención, con la individualización de quien efectúa el control y el organismo al que se remitirá la denuncia. El instrumento o mecanismo que permita el uso del transporte público remunerado de pasajeros será puesto luego a disposición del organismo que determine el Ministerio de Transportes y Telecomunicaciones, cuando se trate de la infracción establecida en el número 4 del artículo 199 de la presente ley.

Ley 21083
Art. 1 N° 4
D.O. 05.04.2018

Para los efectos de lo dispuesto en el inciso anterior, existe uso indebido del instrumento o mecanismo que permita el acceso al transporte público remunerado de pasajeros, cuando se acceda a éste utilizando un pase escolar, pase de educación superior o cualquier instrumento o mecanismo que permita el uso del transporte público remunerado de pasajeros, sin ser su titular, de conformidad a lo dispuesto en el número 4 del artículo 199 de la presente ley.

Para los efectos señalados en este artículo, Carabineros de Chile, los inspectores fiscales y municipales y el personal autorizado de ferrocarriles que preste servicios de transporte de pasajeros, debidamente identificados, deberán consignar los datos de la persona que, sin ser el titular, utilice un instrumento o mecanismo que permita el acceso al transporte público remunerado de pasajeros, requiriendo a la entidad competente la inutilización para su uso en estos servicios. Con el objeto de consignar los datos del infractor, Carabineros de Chile, los inspectores fiscales y municipales y el personal autorizado de ferrocarriles de servicio metropolitano podrán solicitar que el portador del instrumento o mecanismo de pago respectivo acredite su identidad o la titularidad del mismo o la adquisición del saldo o cuotas de transporte contenidas en ellos.

Con la finalidad de obtener información de los pasajeros infractores para citarlos o para efectuar las denuncias ante los juzgados competentes, el Ministerio de Transportes y Telecomunicaciones podrá celebrar convenios con otros órganos del Estado y requerirles información, debiendo éstos dar las facilidades necesarias para su acceso. Para estos efectos podrán utilizarse medios tecnológicos que optimicen la obtención de la referida información.

Todos los datos que consignen los funcionarios en cumplimiento de las obligaciones descritas en los incisos precedentes estarán protegidos por la ley N° 19.628, sobre Protección de la Vida Privada, y deberán ser tratados sólo con la finalidad de efectuar la denuncia de las respectivas infracciones cometidas por los usuarios a las autoridades competentes. Los datos consignados deberán ser destruidos dentro del plazo máximo de tres años, contado desde su consignación.

Artículo 88 quáter.- Los concesionarios de uso de vías, los propietarios de buses y, en general, los prestadores de servicio de transporte público remunerado de pasajeros o quienes sean autorizados por éstos podrán constatar el cumplimiento de la obligación del pago de la tarifa por parte de los pasajeros, para lo cual podrán exigir la exhibición del instrumento o mecanismo que permita el acceso del transporte público remunerado de pasajeros.

Ley 21083
Art. 1 N° 4
D.O. 05.04.2018

En caso que el pasajero se rehúse a exhibir el instrumento o mecanismo que permita el acceso al transporte público remunerado de pasajeros o si se constatare el uso de los servicios de transporte público remunerado de pasajeros sin el pago de la tarifa correspondiente, las personas señaladas en el inciso anterior podrán disponer que los infractores hagan abandono del vehículo de transporte público remunerado de pasajeros.

Si Carabineros de Chile constatare el no pago de la tarifa por parte del pasajero, cursará las infracciones administrativas dispuestas para el caso del número 42 del artículo 200 y, cuando corresponda, la del inciso tercero del artículo 204. Para el evento de que la persona no indique su domicilio, Carabineros, dentro de sus competencias, podrá conducir al pasajero a una unidad policial, para el solo efecto de verificar su domicilio y proceder a efectuar la respectiva citación ante el juzgado de policía local.

TÍTULO VII
DE LAS REVISIONES DE LOS VEHÍCULOS, DE SUS CONDICIONES DE SEGURIDAD Y DE LA HOMOLOGACIÓN
(ARTS. 89 - 92)

Artículo 89.- Las Municipalidades no otorgarán permisos de circulación a ningún vehículo motorizado que no tenga vigente la revisión técnica o un certificado de homologación, según lo determine el Ministerio de Transportes y Telecomunicaciones.

La revisión técnica que señala el inciso anterior comprenderá, en forma especial, los sistemas de dirección, frenos, luces, neumáticos y combustión interna.

Ley N° 18.290
Art. 94
D.O. 07.02.1984

Ley N° 19.495
Art. 1° N° 27
D.O. 08.03.1997

Sólo en el caso de los triciclos motorizados de carga, la revisión técnica consistirá en una inspección ocular de los elementos de seguridad del vehículo que el Ministerio de Transportes y Telecomunicaciones determine en el reglamento respectivo, los que se verificarán, de igual modo, en las correspondientes plantas.

Ley 21088
Art. 1 N° 11
D.O. 10.05.2018

Dicho documento o el de homologación, en su caso, y el de gases, deberán portarse siempre en el vehículo y encontrarse vigentes.

Ley Nº 18.290
Art. 94
D.O. 07.02.1984

Ley Nº 19.495
Art. 1º Nº 27
D.O. 08.03.1997

Ley Nº 18.290
Art. 94
D.O. 07.02.1984

Ley Nº 19.495
Art. 1º Nº 27
D.O. 08.03.1997

Artículo 90.- El Ministerio de Transportes y Telecomunicaciones podrá licitar la función de homologación de vehículos, entre empresas que persigan fines de lucro conforme a las bases de licitación, y por el tiempo que determine, pudiendo incluir el uso y goce o la mera tenencia de bienes que le hayan sido destinados para cumplir dicha función.

Ley Nº 18.290
Art. 95
D.O. 07.02.1984

Ley Nº 19.495
Art. 1º Nº 27
D.O. 08.03.1997

Ley Nº 18.290
Art. 96
D.O. 07.02.1984

Ley Nº 19.495
Art. 1º Nº 28
D.O. 08.03.1997

Artículo 91.- Lo dispuesto en el artículo 89 no obsta a las revisiones que decreten los Tribunales en los casos particulares que conozcan y de los controles que se practiquen en la vía pública.

Ley Nº 18.290
Art. 97
D.O. 07.02.1984

Artículo 92.- Los vehículos que hayan perdido sus condiciones de seguridad serán retirados de la circulación y puestos a disposición del Tribunal competente en los locales que, para tal efecto, debe habilitar y mantener la Municipalidad.

Ley Nº 18.290
Art. 98
D.O. 07.02.1984

El vehículo y el permiso de circulación deberán ser restituidos por el Tribunal que conozca del proceso, tan pronto se acredite que el desperfecto ha sido reparado o si la restitución se motivare en la necesidad de completar su reparación.

Sin embargo, si el desperfecto del vehículo fuere subsanado en el lugar en que se constató la infracción, podrá autorizarse para que se continúe de inmediato en circulación, sin retirarse el padrón o permiso respectivo y sin perjuicio de efectuarse la denuncia correspondiente por la infracción cometida.

Ley Nº 18.290
Art. 98
D.O. 07.02.1984

Ley Nº 18.597
Art. 1º Nº 11
D.O. 29.01.1987

En todo caso, el juez podrá disponer, si lo estima procedente, una revisión del vehículo por un establecimiento competente. En los casos de vehículos retirados de circulación y que se encuentren en las hipótesis del artículo 197 ter, el juez deberá siempre ordenar su retiro de circulación por un plazo no inferior a treinta días y si las condiciones lo ameritan, la revocación del certificado de revisión técnica. Para dicha revocación el juez deberá informar al Secretario Regional Ministerial de Transportes respectivo, quien instruirá el cambio de estado del documento a la planta de revisión técnica que lo hubiera emitido, e indicará al tribunal la planta a la que deberá concurrir el interesado para realizar una nueva revisión técnica.

Ley 21495
Art. único Nº 1
D.O. 04.10.2022

Lo anterior es sin perjuicio de las medidas de carácter administrativo que adopte el Ministerio de Transportes y Telecomunicaciones en uso de sus facultades legales, en lo relativo a los vehículos de carga, a los destinados al transporte colectivo de personas y a los automóviles destinados a la prestación de servicios de uso público.

Ley Nº 18.290
Art. 98
D.O. 07.02.1984

Rectificación
D.O. 16.02.1984

TÍTULO VIII
DE LA SEÑALIZACIÓN, CRUCES DE FERROCARRIL Y SEÑALES LUMINOSAS REGULADORAS DEL TRÁNSITO
(ARTS. 93-106)

§1. DE LA SEÑALIZACIÓN (ARTS. 93 - 99)

Artículo 93.- La señalización del tránsito en las vías públicas será únicamente la que determine el Ministerio de Transportes y Telecomunicaciones, de acuerdo con los convenios internacionales ratificados por Chile.

Ley Nº 18.290
Art. 99
D.O. 07.02.1984

Artículo 94.- Será responsabilidad de las municipalidades la instalación y mantención de la señalización del tránsito, salvo cuando se trate de vías cuya instalación y mantención corresponda al Ministerio de Obras Públicas.

La instalación y mantención de las señales del tránsito deberá efectuarse de acuerdo a las normas técnicas que emita el Ministerio de Transportes y Telecomunicaciones.

Ley Nº 18.290
Art. 100
D.O. 07.02.1984

Ley Nº 20.068
Art. 1º Nº 33
D.O. 10.12.2005

Artículo 95.- Los conductores y los peatones están obligados a obedecer y respetar las señales de tránsito, salvo que reciban instrucciones en contrario de un Carabinero o que se trate de las excepciones contempladas en esta ley para vehículos de emergencia.

Ley Nº 18.290
Art. 101
D.O. 07.02.1984

La instalación de señalización o barreras sin tener facultades otorgadas por esta ley, o sin permiso municipal o del Ministerio de Obras Públicas, en su caso, salvo en sitio de siniestro o accidente, estará penada con multa de ocho a dieciséis unidades tributarias mensuales y el comiso de las especies. Se presumirá como autor de esta infracción a la persona natural o jurídica que aparezca como beneficiada.

Ley Nº 20.068
Art. 1º Nº 34
D.O. 10.12.2005

Artículo 96.- El que ejecute trabajos en las vías públicas, estará obligado a colocar y mantener por su cuenta, de día y de noche, la señalización que corresponda y tomar medidas de seguridad adecuadas a la naturaleza de los trabajos, conforme al Manual de Señalización de Tránsito. Deberá, además, dejar reparadas dichas vías en las mismas condiciones en que se encuentre el área circundante, retirando, de inmediato y en la medida que se vayan terminando los trabajos, las señalizaciones, materiales y desechos.

Ley Nº 18.290
Art. 102
D.O. 07.02.1984

Ley Nº 20.068
Art. 1º Nº 35 a)
D.O. 10.12.2005

Ley Nº 19.495
Art. 1º Nº 29 a)
D.O. 08.03.1997

Serán solidariamente responsables de los daños producidos en accidentes por incumplimiento de lo dispuesto en el inciso anterior, quienes encarguen la ejecución de la obra y los que la ejecuten.

Ley Nº 18.290
Art. 102
D.O. 07.02.1984

Salvo casos de emergencia, quienes vayan a efectuar trabajos en las vías públicas lo informarán a la unidad de Carabineros del sector, por escrito y con 48 horas de anticipación, debiendo además, comunicar su término.

Ley Nº 18.290
Art. 102
D.O. 07.02.1984

La infracción a lo establecido en el inciso primero será sancionada con multa de 8 a 16 unidades tributarias mensuales. Se considerará que existe una infracción nueva y separada por cada mes que transcurra sin que se haya dado cumplimiento a las obligaciones señaladas en el inciso primero.

Ley Nº 18.290
Art. 102
D.O. 07.02.1984

Ley Nº 19.495
Art. 1º Nº 29 b)
D.O. 08.03.1997

Ley Nº 20.068
Art. 1º Nº 35 b)
D.O. 10.12.2005

Lo dispuesto en el presente artículo no obsta a la reglamentación que sobre trabajos en la vía pública o sobre ruptura o reposición de pavimentos dicten las Municipalidades.

Ley Nº 18.290
Art. 102
D.O. 07.02.1984

Artículo 97.- Se prohíbe colocar o mantener en las vías públicas, signos, demarcaciones o elementos que imiten o se asemejen a las señales del tránsito y alterar, destruir, deteriorar o remover dichas señales o colocar en ellas anuncios de cualquier índole.

Asimismo, no podrán instalarse ni mantenerse, en las aceras, bermas, bandejones o plazas, a menos de veinte metros del punto determinado por la intersección de las prolongaciones imaginarias de las líneas de soleras o cunetas que convergen, quioscos, casetas, propaganda ni otro elemento similar, ni vegetación que impida al conductor que se aproxima a un cruce la plena visual sobre vehículos y peatones.

Ley Nº 18.290
Art. 103
D.O. 07.02.1984

No podrá colocarse propaganda ni otro elemento que afecte la debida percepción de las señales del tránsito.

Ley Nº 18.290
Art. 103
D.O. 07.02.1984

Ley Nº 20.068
Art. 1º Nº 36 a)
D.O. 10.12.2005

Ley Nº 18.290
Art. 103

D.O. 07.02.1984

Ley N° 20.068
Art. 1° N° 36 b)
D.O. 10.12.2005

Artículo 98.- Se prohíbe la colocación de letreros de propaganda en los caminos. El Ministerio de Obras Públicas fijará las condiciones y la distancia, desde el camino, en que podrán colocarse estos letreros.

Ley N° 18.290
Art. 104
D.O. 07.02.1984

Ley N° 20.068
Art. 1° N° 37
D.O. 10.12.2005

Artículo 99.- La autoridad competente, o el tribunal, de oficio o a petición de parte, deberá retirar o hacer retirar las señales no oficiales, las barreras o cualquier otro letrero, objeto publicitario, signo, demarcación o elemento que altere la señalización oficial, dificulte su percepción, reduzca la visibilidad para conductores o peatones, o que no cumpla con lo dispuesto en el artículo precedente.

Ley N° 18.290
Art. 105
D.O. 07.02.1984

Ley N° 20.068
Art. 1° N° 38
D.O. 10.12.2005

§2. CRUCE DE FERROCARRILES
(ARTS. 100 - 103)

Artículo 100.- Las empresas de ferrocarriles deberán mantener, en los cruces públicos, los elementos de seguridad y sistemas de señalización que determine el reglamento, según sea la importancia y categoría del cruce.

Ley N° 18.290
Art. 106
D.O. 07.02.1984

Sin perjuicio de lo anterior, las empresas de ferrocarriles mantendrán despejados ambos costados del cruce en el sentido del riel, en una distancia suficientemente amplia para percibir oportunamente la aproximación de un vehículo ferroviario.

Artículo 101.- Se presume la falta de responsabilidad de las empresas de ferrocarriles en accidentes que ocurran en los cruces que mantengan en funcionamiento los elementos o sistemas de seguridad reglamentarios.

Ley N° 18.290
Art. 107
D.O. 07.02.1984

Artículo 102.- Los conductores, salvo señalización en contrario, deberán detener sus vehículos antes del cruce ferroviario y sólo podrán continuar después de comprobar que no existe riesgo de accidente.

Ley N° 18.290
Art. 108
D.O. 07.02.1984

Ley N° 20.068
Art. 1° N° 39
D.O. 10.12.2005

Artículo 103.- En los caminos y calles que crucen a nivel una vía férrea, las empresas de ferrocarriles y el Ministerio de Obras Públicas o la municipalidad respectiva, en su caso, deberán colocar y mantener la señalización que determine el reglamento.

Ley N° 18.290
Art. 109
D.O. 07.02.1984

Ley N° 20.068
Art. 1° N° 40
D.O. 10.12.2005

§3. SEÑALES LUMINOSAS REGULADORAS DEL TRÁNSITO (ARTS. 104 - 106)

Artículo 104.- Las indicaciones de los semáforos serán:

Ley N° 18.290
Art. 110
D.O. 07.02.1984

Ley N° 20.068
Art. 1° N° 41
D.O. 10.12.2005

1.- Luces no intermitentes:

a) Luz verde: indica paso. Los vehículos que enfrenten el semáforo pueden continuar o virar a la derecha o a la izquierda, salvo que se prohíba la maniobra mediante una señal.

Los peatones que enfrenten la luz verde, pueden cruzar la calzada por el paso correspondiente.

Al encenderse la luz verde, los vehículos deberán ceder el paso a los que se encuentren atravesando el cruce y a los peatones que estén cruzando.

El conductor que enfrente la luz verde, sólo avanzará si el vehículo tiene espacio suficiente para no bloquear el cruce.

b) Luz amarilla: indica prevención. Los vehículos que enfrenten esta señal deberán detenerse antes de entrar al cruce, pues les advierte que el color rojo aparecerá a continuación.

Si la luz amarilla los sorprende tan próximos al cruce que ya no puedan detenerse con suficiente seguridad, deberán continuar con precaución.

Los peatones que enfrenten esta señal, deberán abstenerse de descender a la calzada y los que se encuentren en el paso para peatones tienen derecho a terminar el cruce.

c) Luz roja: indica detención. Los vehículos que enfrenten esta señal deberán detenerse antes de la línea de detención o la línea de detención adelantada, en su caso, y no deberán avanzar hasta que se encienda la luz verde.

Ley 21088
Art. 1 N° 12 a)
D.O. 10.05.2018

Los peatones que enfrenten esta señal no deberán bajar a la calzada ni cruzarla.

2.- Luces intermitentes:

a) Una luz roja intermitente indica "CEDA EL PASO".

b) Dos luces rojas intermitentes en forma alternada, significan que los vehículos que las enfrenten no deben sobrepasar la línea de detención, la línea de detención adelantada, en su caso, o, si no las hubiera, la vertical de la señal. Estas luces sólo podrán instalarse en cruces ferroviarios a nivel y para dar preferencia de paso a vehículos de bomberos o ambulancias que se incorporan a la vía.

Ley 21088
Art. 1 N° 12 b)
D.O. 10.05.2018

c) Luz amarilla intermitente, advierte peligro. 3.- Indicaciones de flecha verde:

La luz verde de un semáforo que contenga una flecha iluminada, significa que los vehículos sólo pueden tomar la dirección indicada por ésta.

Las flechas que signifiquen autorización para seguir en línea recta tendrán la punta dirigida hacia arriba.

La señal del semáforo que comprenda una o varias luces verdes suplementarias que contengan una o varias flechas, el hecho de iluminarse ésta o éstas significa, cualesquiera que sean las otras indicaciones que presente el semáforo, autorización para que los vehículos prosigan su marcha en el o los sentidos indicados por la o las flechas.

La indicación de flecha verde intermitente tendrá el mismo significado que la luz amarilla, descrita en la letra b) del punto 1.

4.- Indicaciones para vehículos de transporte público:

Tratándose de pistas segregadas destinadas exclusiva y permanentemente a la circulación de vehículos que prestan servicio de transporte público de pasajeros, los semáforos podrán ser diferentes y en ellos se podrá reemplazar el color verde por el blanco.

5.- Los semáforos destinados exclusivamente a los peatones o a los ciclistas se distinguirán por tener dibujado sobre la lente la figura de un peatón o de una bicicleta, según corresponda. Los colores tendrán el siguiente significado:

a) La luz verde indica que los peatones o los ciclistas pueden cruzar la calzada o intersección, según sea el caso, por el paso correspondiente, esté o no demarcado.

b) La luz roja indica que los peatones no pueden ingresar a la calzada ni cruzarla o que los ciclistas deben detenerse antes de la línea de detención.

c) La luz verde intermitente significa que el período durante el cual los peatones o los ciclistas pueden atravesar la calzada está por concluir y se va a encender la luz roja, por lo que deben abstenerse de iniciar el cruce y, a su vez, permite a los que ya estén cruzando la calzada, terminar de atravesarla.

Artículo 105.- Las luces rojas o verdes instaladas sobre el centro de una o más pistas de circulación, indicarán prohibición de hacer uso de la pista sobre la cual aquéllas se encuentren, o, autorización para usarlas, respectivamente.

Ley N° 18.290
Art. 111
D.O. 07.02.1984

Ley Nº 20.068
Art. 1º Nº 42
D.O. 10.12.2005

Artículo 106.- Las municipalidades y el Ministerio de Obras Públicas, según corresponda, serán responsables del buen funcionamiento de las señales luminosas.

Ley Nº 18.290
Art. 112
D.O. 07.02.1984

Ley Nº 20.068
Art. 1º Nº 43
D.O. 10.12.2005

TÍTULO IX
DE LA CONDUCCIÓN
(ARTS. 107-133)

Artículo 107.- Los conductores tienen derecho a transitar en sus vehículos por las vías públicas, salvo las excepciones que establece esta ley y las medidas que, en contrario y en casos especiales, adopte la autoridad competente.

Ley Nº 18.290
Art. 113
D.O. 07.02.1984

Artículo 108.- Todo conductor deberá mantener el control de su vehículo durante la circulación y conducirlo conforme a las normas de seguridad determinadas en esta ley, sin que motivo alguno justifique el desconocimiento o incumplimiento de ellas.

Ley Nº 18.290
Art. 114
D.O. 07.02.1984

Asimismo, los conductores estarán obligados a mantenerse atentos a las condiciones del tránsito del momento.

Se prohíbe llevar abiertas las puertas del vehículo, abrirlas antes de su completa detención o abrirlas, mantenerlas abiertas o descender del mismo sin haberse cerciorado previamente de que ello no implica entorpecimiento o peligro para otros usuarios.

Ley Nº 20.068
Art. 1º Nº 44
D.O. 10.12.2005

Artículo 109.- Ninguna persona podrá conducir un vehículo cuando se encuentre en condiciones físicas o psíquicas deficientes.

Ley Nº 18.290
Art. 115
D.O. 07.02.1984

Ley Nº 19.925
Art. Tercero Nº 2
D.O. 19.01.2004

No se entenderá, para efectos de esta ley, como condición física o psíquica deficiente, arrojar en el informe de alcoholemia o en el resultado de la prueba respiratoria que hubiere sido practicada por Carabineros de Chile, una dosificación igual o inferior a 0,3 gramos por mil de alcohol en la sangre.

Ley 20626
Art. ÚNICO
D.O. 29.10.2012

Artículo 110.- Se prohíbe, al conductor y a los pasajeros, el consumo de bebidas alcohólicas en el interior de vehículos motorizados.

Se prohíbe, asimismo, la conducción de cualquier vehículo o medio de transporte, la operación de cualquier tipo de maquinaria o el desempeño de las funciones de guardafrenos, cambiadores o controladores de tránsito, ejecutados en estado de ebriedad, bajo la influencia de sustancias estupefacientes o sicotrópicas, o bajo la influencia del alcohol.

Ley Nº 18.290
Art. 115 A
D.O. 07.02.1984

Ley Nº 19.925
Art. Tercero Nº 3
D.O. 19.01.2004

Artículo 111.- Para la determinación del estado de ebriedad del imputado o del hecho de encontrarse bajo la influencia del alcohol, el tribunal podrá considerar todos los medios de prueba, evaluando especialmente el estado general del imputado en relación con el control de sus sentidos, como también el nivel de alcohol presente en el flujo sanguíneo, que conste en el informe de alcoholemia o en el resultado de la prueba respiratoria que hubiera sido practicada por Carabineros.

Ley Nº 18.290
Art. 115 B
D.O. 07.02.1984

Ley Nº 20.068
Art. 1º Nº 45
D.O. 10.12.2005

Sin perjuicio de lo anterior, se entenderá que hay desempeño en estado de ebriedad cuando el informe o prueba arroje una dosificación igual o superior a 0,8 gramos por mil de alcohol en la sangre o en el organismo.

Ley 20580
Art. 1 N° 3 a)
D.O. 15.03.2012

Se entenderá que hay desempeño bajo la influencia del alcohol cuando el informe o prueba arroje una dosificación superior a 0,3 e inferior a 0,8 gramos por mil de alcohol en la sangre. Si la dosificación fuere menor, se estará a lo establecido en el artículo 109 y en el Nº 1 del artículo 200, si correspondiere.

Ley 20580
Art. 1 N° 3 b)
D.O. 15.03.2012

Ley Nº 18.290
Art. 116
D.O. 07.02.1984

Ley N° 20.068
Art. 1° N° 46
D.O. 10.12.2005

Artículo 112.- En las vías de tránsito restringido, la circulación de vehículos y de peatones se hará como lo determine la autoridad y se podrá entrar o salir de ellas solamente por los lugares y en las condiciones que la Dirección de Vialidad o las Municipalidades, en su caso, establezcan mediante la señalización correspondiente.

Ley N° 18.290
Art. 117
D.O. 07.02.1984

Artículo 113.- El Ministerio de Transportes y Telecomunicaciones podrá prohibir, por causa justificada, la circulación de todo vehículo o de tipos específicos de éstos, por determinadas vías públicas. Esta facultad será ejercitada de oficio o a petición de las Municipalidades o de la Dirección de Vialidad, según corresponda.

Ley N° 18.290
Art. 118
D.O. 07.02.1984

Sin perjuicio de lo anterior, Carabineros de Chile queda autorizado para adoptar, en forma transitoria, medidas que alteren el tránsito de vehículos o su estacionamiento en las vías públicas cuando circunstancias especiales lo hagan necesario.

En todo caso, los vehículos de tres ruedas destinados al transporte de carga no podrán circular por autopistas y autovías.

Ley 21088
Art. 1 N° 13
D.O. 10.05.2018

Artículo 114.- En los caminos públicos en que opere un sistema electrónico de cobro de tarifas o peajes, sólo podrán circular los vehículos que estén provistos de un dispositivo electrónico habilitado u otro sistema complementario que permitan su cobro. La infracción a esta prohibición será sancionada con una multa de una unidad tributaria mensual y para todos los efectos se entenderá como una infracción grave de conformidad al artículo 200 N° 7 de la presente ley.

Ley 20410
Art. 2
D.O. 20.01.2010

Si en un día calendario se cometen dos o más contravenciones a la prohibición dispuesta en el inciso anterior, solo se considerará la primera para todos los efectos legales.

Ley 21213
Art. 1
D.O. 29.02.2020

Los equipos y demás medios utilizados para la implementación de este sistema, constituyen equipos de registro de infracciones, rigiéndose por lo dispuesto en el inciso tercero del artículo 3° y en el artículo 24, ambos de la ley N° 18.287 y en el artículo 4° de esta ley, salvo en lo previsto en sus incisos sexto, séptimo, octavo, noveno y décimo. Los estándares técnicos y condiciones de instalación, funcionamiento y uso de los mismos serán regulados por el Ministerio de Obras Públicas.

Ley N° 18.290
Art. 118 bis
D.O. 07.02.1984

Ley N° 19.841
Art. 1° N° 2
D.O. 19.12.2002

Ley 21547
Art. 3
D.O. 30.03.2023

Artículo 115.- Ningún vehículo podrá ser conducido marcha atrás, salvo que esta maniobra sea indispensable para mantener la libre circulación, para incorporarse a ella o estacionar el vehículo. No obstante, no podrá hacerse retroceder un vehículo en los cruces, aunque hubiere traspasado la línea de detención, salvo indicación expresa de un Carabinero.

Ley N° 18.290
Art. 119
D.O. 07.02.1984

Artículo 116.- En las vías públicas, los vehículos deberán circular por la mitad derecha de la calzada, salvo en los siguientes casos:

Ley N° 18.290
Art. 120
D.O. 07.02.1984

1.- Cuando se adelante o sobrepase a otro vehículo motorizado que va en el mismo sentido, bajo las reglas que rigen tal movimiento;

Ley 21088
Art. 1 N° 14
D.O. 10.05.2018

2.- Cuando el tránsito por la mitad derecha de una calzada esté impedido por construcciones, reparaciones u otros accidentes que alteren la normal circulación, y

Ley N° 18.290
Art. 120 N° 1
D.O. 07.02.1984

Ley N° 20.068
Art. 1° N° 47 a)
D.O. 10.12.2005

3.- En la circulación urbana, cuando la calzada esté exclusivamente señalizada para el tránsito en un solo sentido.

Ley N° 18.290
Art. 120 N° 2
D.O. 07.02.1984

Ley N° 18.290
Art. 120 N° 3
D.O. 07.02.1984

Ley N° 20.068
Art. 1° N° 47 b)
D.O. 10.12.2005

Ley Nº 18.290
Art. 120 Nº 4
D.O. 07.02.1984

Artículo 117.- Ningún vehículo motorizado podrá circular a menor velocidad que la mínima fijada para la respectiva vía. En todo caso, los vehículos que, dentro de los límites fijados, circulen a una velocidad inferior a la máxima deberán hacerlo por su derecha.

Ley 21088
Art. 1 Nº 15
D.O. 10.05.2018

Ley Nº 18.290
Art. 121
D.O. 07.02.1984

Ley Nº 19.495
Art. 1º Nº 31
D.O. 08.03.1997

Artículo 118.- En caso de haber agua en la calzada, el conductor cuidará que ésta no moje la acera ni a los peatones o conductores de ciclos.

Ley 21088
Art. 1 Nº 16
D.O. 10.05.2018

Ley Nº 18.290
Art. 122
D.O. 07.02.1984

Artículo 119.- En las vías de doble tránsito, los vehículos que circulen en sentidos opuestos, al cruzarse, no pasarán sobre el eje de la calzada, demarcado o imaginario, y guardarán entre sí la mayor distancia posible.

Ley Nº 18.290
Art. 123
D.O. 07.02.1984

Ley Nº 20.068
Art. 1º Nº 48
D.O. 10.12.2005

Artículo 120.- El conductor de un vehículo que adelante o sobrepase a otro, deberá hacerlo por la izquierda y a una distancia que garantice seguridad, y no volverá a tomar la pista de la derecha hasta que tenga distancia suficiente y segura delante del vehículo que acaba de adelantar o sobrepasar.

Ley Nº 18.290
Art. 124
D.O. 07.02.1984

Ley Nº 20.068
Art. 1º Nº 49
D.O. 10.12.2005

En caso de que un vehículo motorizado adelante o sobrepase a bicicletas u otros ciclos, deberá mantener una distancia prudente respecto al ciclo de aproximadamente 1,50 metros, durante toda la maniobra.

El conductor del vehículo que es adelantado o sobrepasado deberá ceder el paso en favor del que lo adelante o sobrepase y no deberá aumentar la velocidad hasta que éste complete la maniobra.

Ley 21088
Art. 1 N° 17 a)
D.O. 10.05.2018

En caso de que el vehículo adelantado sea un vehículo no motorizado, el conductor de éste deberá permitir la maniobra, acercándose al costado derecho o izquierdo de la pista, según corresponda.

Ley 21088
Art. 1 N° 17 b)
D.O. 10.05.2018

Artículo 121.- El conductor de un vehículo puede sobrepasar a otro, por la derecha, cuando sea posible efectuar este movimiento con absoluta seguridad y solamente en las condiciones siguientes:

Ley N° 18.290
Art. 125
D.O. 07.02.1984

1.- Cuando el vehículo alcanzado esté efectuando o a punto de efectuar un viraje a la izquierda;

2.- Cuando en vías urbanas existan tres o más pistas con el mismo sentido del tránsito, y

3.- Cuando se sobrepase a ciclos que circulen por la pista izquierda. En ningún caso podrá efectuarse esta maniobra fuera de la calzada.

Ley 21088
Art. 1 N° 18 a), b), c)
D.O. 10.05.2018

Adicionalmente, los conductores de ciclos, motocicletas o motonetas podrán sobrepasar por la misma pista a otros vehículos, por cualquiera de los costados de éstos, para alcanzar la línea de detención o la línea de detención adelantada, según corresponda. Esta maniobra deberá efectuarse a una velocidad moderada, tomando las precauciones necesarias para realizarla con seguridad y siempre que los vehículos a los que se sobrepase se encuentren detenidos.

Ley 21088
Art. 1 N° 18 d)
D.O. 10.05.2018

Artículo 122.- Ningún vehículo podrá conducirse por el lado izquierdo del eje de una calzada de doble tránsito para adelantar a otro que circule en el mismo sentido, a menos que ese lado esté claramente visible y se disponga de un espacio libre hacia adelante que permita hacer la maniobra con seguridad y sin interferir con los vehículos que se aproximen en sentido contrario.

Esta maniobra no deberá efectuarse donde la señalización o demarcación lo prohíba y, además, en los siguientes casos:

Ley N° 18.290

Art. 126
D.O. 07.02.1984

1.- Cuando se atraviese un puente, viaducto, túnel o cruce de ferrocarril o al aproximarse a cualquiera de estos lugares desde una distancia mínima de 200 metros, y

2.- Cuando se aproxime a la cima de una cuesta o gradiente, o a una curva.

Artículo 123.- Ningún vehículo podrá adelantar o sobrepasar a otro en un paso de peatones ni en un cruce, salvo que éstos se encuentren regulados.

Ley N° 18.290
Art. 127
D.O. 07.02.1984

Ley N° 20.068
Art. 1° N° 50
D.O. 10.12.2005

Artículo 124.- Los vehículos que circulen por una zona de tránsito en rotación, como monumentos, plazas, rotondas y otros, lo harán siempre por la derecha, dejando a éstos a su izquierda, salvo señalización en contrario.

Ley N° 18.290
Art. 128
D.O. 07.02.1984

Artículo 125.- En las calzadas que dispongan de dos o más pistas demarcadas se observarán las siguientes normas:

Ley N° 18.290
Art. 129
D.O. 07.02.1984

Rectificado
D.O. 16.02.1984

1.- En el espacio demarcado para una pista, circularán los vehículos uno en pos de otro, cualquiera que sea su naturaleza o tamaño, y no deberán transitar en forma paralela o en doble fila dos o más vehículos, aunque su estructura reducida lo hiciere posible, como tampoco podrán pasarse unos a otros, sin perjuicio de lo dispuesto en el inciso final del artículo 121 y en el artículo 130;

2.- El vehículo será conducido en forma tal que quede, por completo, dentro del espacio demarcado y sólo podrá salir de él siempre que tal movimiento pueda efectuarse a la pista adyacente y, en ningún caso, pasar ésta para entrar, de inmediato, a la siguiente.

Ley 21088
Art. 1 N° 19
D.O. 10.05.2018

En todo caso, el conductor de un vehículo que cambie de pista, deberá advertirlo mediante el brazo o accionando los correspondientes dispositivos luminosos del vehículo, con una anticipación suficiente y sólo efectuará la maniobra siempre que no entorpezca la circulación en la pista adyacente;

Ley N° 18.290
Art. 129 N° 1
D.O. 07.02.1984

3.- En una calzada de doble tránsito que esté demarcada en tres pistas, los vehículos no podrán ser conducidos por la pista central, salvo cuando alcancen y adelanten a otro vehículo, cuando vayan a virar a la izquierda o cuando la pista central esté destinada exclusivamente al tránsito en el mismo sentido en que el vehículo avanza y esté así señalizado, y

Ley N° 18.290
Art. 129 N° 2
D.O. 07.02.1984

4.- Los conductores de vehículos deberán respetar la señalización que designe especialmente pistas destinadas a encauzar la circulación en determinada dirección o sentido y la que reserve pista para el tránsito de alta o baja velocidad.

Ley N° 18.290
Art. 129 N° 2
D.O. 07.02.1984

Ley N° 18.597
Art. 1° N° 12
D.O. 29.01.1987

Ley N° 18.290
Art. 129 N° 3
D.O. 07.02.1984

Ley N° 18.290
Art. 129 N° 4
D.O. 07.02.1984

Artículo 126.- El conductor deberá mantener, con respecto al vehículo que lo antecede, una distancia razonable y prudente que le permita detener el suyo ante cualquier emergencia.

Ley N° 18.290
Art. 130
D.O. 07.02.1984

Artículo 127.- Cuando en los caminos circulen dos o más vehículos en un mismo sentido, que deben transitar reglamentariamente por la derecha, cada conductor deberá mantener con respecto al vehículo que lo antecede, una distancia suficiente para que cualquier vehículo pueda adelantarlo, ingresando sin peligro en dicho espacio.

Los vehículos que circulen en los caminos en caravana o convoy, deberán mantener suficiente distancia, entre ellos, para que cualquier vehículo que los adelante pueda ocupar la vía sin peligro. Esta disposición no se aplicará a los cortejos fúnebres.

Ley N° 18.290
Art. 131
D.O. 07.02.1984

Artículo 128.- Cuando una vía de tránsito en dos sentidos esté dividida en dos calzadas por un espacio central, los vehículos deberán circular solamente por la calzada de la derecha y no podrán hacerlo por el espacio de separación.

Ley N° 18.290
Art. 132
D.O. 07.02.1984

Artículo 129.- Si se destinaran o señalaran vías o pistas exclusivas para el tránsito de bicicletas, motonetas, motocicletas o similares, sus conductores sólo deberán transitar por ellas y quedará prohibido a otros vehículos usarlas.

Ley N° 18.290
Art. 133
D.O. 07.02.1984

Ley N° 20.068
Art. 1° N° 51
D.O. 10.12.2005

Artículo 130.- Las personas que conduzcan motocicletas, motonetas, bicimotos o bicicletas, no podrán transitar en grupos de más de dos en fondo, excepto en las vías destinadas al uso exclusivo de estos vehículos.

Ley N° 18.290
Art. 134
D.O. 07.02.1984

Artículo 131.- Se prohíbe a los conductores de los vehículos señalados en el artículo anterior, tomarse de otros vehículos que se encuentren en movimiento en las vías públicas.

Durante la noche y cuando las condiciones de visibilidad lo hagan necesario, estos vehículos deberán transitar unos en pos de otros, lo que harán, en todo caso en los túneles, puentes y pasos bajo o sobre nivel.

Los triciclos y carretones de mano deberán transitar siempre uno en pos de otro.

Ley N° 18.290
Art. 135
D.O. 07.02.1984

Artículo 132.- Ningún conductor de bicicletas, motocicletas, motonetas y bicimotos, podrá transportar carga que le impida mantener ambas manos sobre el manubrio y el debido control del vehículo o su necesaria estabilidad.

Ley N° 18.290
Art. 136
D.O. 07.02.1984

Artículo 133.- Los conductores de vehículos a tracción animal estarán obligados a cumplir con todas las reglas generales de esta ley, en lo que les sean aplicables.

Ley N° 18.290
Art. 137
D.O. 07.02.1984

TÍTULO X
DE LOS VIRAJES Y SEÑALES DE ADVERTENCIA
(ARTS. 134-138)

Artículo 134.- El conductor de un vehículo que tenga el propósito de virar, carecerá de toda preferencia para ejecutar esta maniobra y deberá respetar el derecho preferente de paso que tengan, en estas circunstancias, los otros vehículos que circulen, los ciclos que circulen en ciclovía y los peatones en los pasos a ellos destinados, que estén o no demarcados.

Ley 21088
Art. 1 N° 20

D.O. 10.05.2018

En el caso que dos vehículos se aproximen a un cruce por distintas vías, con el propósito de virar ambos a su izquierda, el derecho preferente de paso de uno respecto al otro se regirá por la aplicación general de lo establecido en el artículo 139.

Ley Nº 18.290
Art. 138
D.O. 07.02.1984

Ley Nº 18.931
Art. 1º Nº 7
D.O. 15.02.1990

Ley Nº 20.068
Art. 1º Nº 52
D.O. 10.12.2005

Ley Nº 18.290
Art. 138
D.O. 07.02.1984

Artículo 135.- El conductor de un vehículo que tenga el propósito de virar en una intersección, lo hará como sigue:

1.- Viraje a la derecha: la iniciación de un viraje a la derecha y el viraje mismo deberá hacerse tan cerca como sea posible de la cuneta de la mano derecha o del borde de la calzada, a menos que exista una ciclovía, en cuyo caso dicho viraje deberá hacerse lo más cerca del elemento segregador. Con todo, en el caso de viraje a la derecha debidamente señalizado por un vehículo de carga articulado compuesto de camión tractor y semirremolque, o de camión y remolque, no regirá lo prevenido anteriormente, debiendo los demás conductores aguardar que dicho vehículo termine su maniobra;

Ley Nº 18.290
Art. 139
D.O. 07.02.1984

Ley 21088
Art. 1 Nº 21 a)
D.O. 10.05.2018

2.- Viraje a la izquierda: para efectuar un viraje a la izquierda desde una vía de doble tránsito hacia otra vía de doble tránsito, el vehículo deberá aproximarse al costado derecho del eje o de la línea central de la vía por donde transita y, después de pasar la intersección, deberá entrar a la otra vía, tomando el lado derecho de su eje o de la línea central;

Ley Nº 18.290
Art. 139 Nº 1
D.O. 07.02.1984

Ley Nº 19.495
Art. 1º Nº 32
D.O. 08.03.1997

3.- Para efectuar un viraje a la izquierda desde una vía de doble tránsito a una de tránsito en un solo sentido, el vehículo deberá tomar previamente el costado derecho del eje o de la línea central de la vía por donde se transita e ingresar a la pista más próxima a su viraje, y

Ley Nº 18.290

Art. 139 N° 2
D.O. 07.02.1984

4.- El viraje a la izquierda desde una vía de tránsito en un solo sentido hacia otra de doble tránsito, deberá efectuarse de manera que el vehículo, una vez pasada la intersección, tome el costado derecho del eje o de la línea central de la vía de doble tránsito.

Ley N° 18.290
Art. 139 N° 3
D.O. 07.02.1984

Ley N° 20.068
Art. 1° N° 53
D.O. 10.12.2005

En caso de congestión, los conductores procurarán mantener despejadas las intersecciones y deberán permitir, de forma alternada, el viraje de los vehículos que acceden a la vía.

Ley N° 18.290
Art. 139 N° 4
D.O. 07.02.1984

Ley 21088
Art. 1 N° 21 b)
D.O. 10.05.2018

Artículo 136.- La Dirección de Vialidad o las Municipalidades, según corresponda, podrán autorizar los virajes desde segunda pista, previa demarcación y señalización.

Ley N° 18.290
Art. 140
D.O. 07.02.1984

Artículo 137.- Se prohíbe efectuar virajes en "U" en los siguientes casos:

Ley N° 18.290
Art. 141
D.O. 07.02.1984

1.- En las intersecciones de calles y caminos;
2.- En los pasos para peatones;
3.- A menos de 200 metros de las curvas, cimas o gradientes, cruces ferroviarios, puentes, viaductos y túneles, y
4.- Donde la señalización lo prohíba.

Artículo 138.- Toda maniobra de viraje deberá ser advertida previamente por el conductor, con una anticipación mínima de 30 metros, mediante el señalizador eléctrico del vehículo o, en su defecto, con el brazo.

Todas las señales de advertencia con el brazo, deberán hacerse por el conductor solamente por el costado izquierdo, en la forma que se indica:

Ley N° 18.290
Art. 142
D.O. 07.02.1984

Ley N° 18.597
Art. 1° N° 13
D.O. 29.01.1987

1.- Viraje a la izquierda, brazo extendido horizontalmente;
2.- Viraje a la derecha, brazo en ángulo recto hacia arriba, y
3.- Disminución de velocidad o detención, brazo extendido hacia abajo.

Ley N° 18.290
Art. 142
D.O. 07.02.1984

Con todo, tratándose de bicimotos, triciclos, bicicletas y similares, la señalización de maniobra de viraje a la derecha podrá ser advertida con el brazo de ese lado extendido horizontalmente, pudiendo además utilizar un señalizador eléctrico adosado a su cuerpo.

Ley 21088
Art. 1 N° 22
D.O. 10.05.2018

Ley N° 20.068
Art. 1° N° 54
D.O. 10.12.2005

TÍTULO XI
DERECHO PREFERENTE DE PASO
(ARTS. 139-143)

Artículo 139.- Todo vehículo que se aproxime a un cruce deberá hacerlo a velocidad razonable y prudente, deteniéndose si fuere necesario, y el de la izquierda cederá el paso al vehículo que se acerque al cruce por la derecha, el que tendrá derecho preferente de paso.

El conductor del vehículo de la izquierda reiniciará la marcha e ingresará a la intersección sólo cuando se asegure que no hay riesgos de accidente, en atención a la distancia, visibilidad y velocidad de los otros vehículos que se aproximen por la derecha.

Ley N° 18.290
Art. 143
D.O. 07.02.1984

Este derecho preferente de paso no regirá en los siguientes casos:

1.- En los cruces regulados;

2.- En aquellos cruces donde se haya determinada la preferencia mediante signos "PARE" o "CEDA EL PASO";

3.- En las zonas rurales, donde tendrá preferencia el conductor del vehículo que circule por un camino principal, con respecto al que se aproxime o llegue por una vía secundaria. Se entenderá por camino principal, el que tenga pavimento de concreto, asfalto, macadam bituminoso definitivo o los que expresamente determine y señalice la Dirección de Vialidad;

4.- Respecto de los vehículos que se vayan a incorporar a una zona de tránsito en rotación, y

5.- En los cruces donde se aproxime un vehículo tranvía, sea por la derecha o la izquierda.

Ley 20877
Art. 3, N° 3, a), b), c)
D.O. 30.11.2015

Artículo 140.- El conductor que enfrente el signo "PARE" deberá detener el vehículo y permitir el paso a los que circulen por la otra vía, y reiniciará la marcha sólo cuando pueda hacerlo en condiciones que eliminen toda posibilidad de accidente.

El conductor que enfrenta el signo "CEDA EL PASO", deberá reducir la velocidad hasta la detención si fuere necesario, para permitir el paso a todo vehículo que circule por la otra vía y cuya proximidad constituya un riesgo de accidente.

Ley Nº 18.290
Art. 144
D.O. 07.02.1984

Artículo 141.- Todo vehículo que se incorpore a la circulación desde una vía particular, un inmueble, un estacionamiento o se ponga en marcha después de una detención, carece de derecho preferente de paso respecto de los peatones o vehículos en tránsito.

La misma obligación rige para el conductor de un vehículo que salga de la circulación para ingresar a alguno de los lugares a que se refiere el inciso anterior.

Ley Nº 18.290
Art. 145
D.O. 07.02.1984

Artículo 142.- Ante la aproximación de un vehículo de emergencia que haga uso de sus señales audibles y visuales, se observarán las siguientes reglas:

1.- El conductor de un vehículo que circule en el mismo sentido, deberá respetar el derecho preferente de paso del vehículo de emergencia, conduciendo el suyo hacia el lado de la calzada que tenga desocupado, lo más cerca posible de la solera o del eje de la calzada, deteniéndose si fuere necesario hasta que haya pasado el de emergencia, y

Ley Nº 18.290
Art. 146
D.O. 07.02.1984

2.- Los vehículos que lleguen a un cruce al cual se aproxima un vehículo de emergencia, deberán detenerse y respetarle su derecho preferente de paso.

En las condiciones referidas, cuando un vehículo de emergencia se aproxime a un cruce con luz roja del semáforo u otra señal de detención, su conductor deberá reducir la velocidad hasta detenerse si fuere necesario, y cruzar solamente cuando verifique que los demás conductores de vehículos le hayan cedido el paso y no existan riesgos de accidente.

El conductor de un vehículo de emergencia, cuando concurra a un llamado de urgencia haciendo uso de sus señales audibles y visuales reglamentarias, podrá estacionarse o detenerse en sitios prohibidos.

Artículo 143.- El conductor de un vehículo de emergencia deberá utilizar sus señales audibles y visibles sólo en los casos de llamada de urgencia o alarma y guiará con todo cuidado y velará por la seguridad de los peatones y vehículos que estén usando la vía, debiendo respetar todas las prescripciones de esta ley que rigen el tránsito público, con las excepciones que establece el artículo anterior.

Ley Nº 18.290
Art. 147
D.O. 07.02.1984

Rectificación
D.O. 16.02.1984

TÍTULO XII
DE LA VELOCIDAD
(ARTS. 144-147)

Artículo 144.- Ninguna persona podrá conducir un vehículo a una velocidad mayor de la que sea razonable y prudente, bajo las condiciones existentes, debiendo considerar los riesgos y peligros presentes y los posibles.

En todo caso, la velocidad debe ser tal, que permita controlar el vehículo cuando sea necesario, para evitar accidentes.

Ley N° 18.290
Art. 148
D.O. 07.02.1984

Con todo, el conductor del vehículo deberá siempre respetar los límites máximos de velocidad prescritos en el artículo siguiente.

Ley N° 18.290
Art. 149
D.O. 07.02.1984

Ley N° 20.068
Art. 1° N° 55
D.O. 10.12.2005

Ley 21088
Art. 1 N° 23
D.O. 10.05.2018

Artículo 145.- Cuando no existan los riesgos o circunstancias señaladas en los artículos anteriores, serán límites máximos de velocidad los siguientes:

1.- En zonas urbanas:

Ley N° 18.290
Art. 150
D.O. 07.02.1984

Ley N° 19.816
Art. 1° d)
D.O. 07.08.2002

1.1.- Vehículos de menos de 3.860 kilogramos de peso bruto vehicular y motocicletas: 50 kilómetros por hora.

1.2.- Vehículos con más de 17 asientos, incluido el del conductor, buses, camiones de 3.860 kilogramos de peso bruto vehicular o más y vehículos de transporte escolar: 50 kilómetros por hora.

2.- En zonas rurales:

Ley 21103
Art. único
D.O. 04.08.2018

2.1.- En caminos con una pista de circulación en cada sentido: 100 kilómetros por hora.

2.2.- En caminos de dos o más pistas de circulación en un mismo sentido: 120 kilómetros por hora.

2.3.- En todo caso, los buses y camiones de 3.860 kilogramos de peso bruto vehicular o más y vehículos de transporte escolar no podrán circular a una velocidad superior a 90 kilómetros por hora. Los buses interurbanos podrán circular a 100 kilómetros por hora.

Artículo 146.- Las Municipalidades en las zonas urbanas y la Dirección de Vialidad en las zonas rurales, en casos excepcionales, por razones fundadas y previo estudio elaborado de acuerdo a los criterios que contemple el Manual de Señalización de Tránsito para la determinación de las velocidades mínimas o máximas, podrán aumentar o disminuir los límites de velocidad establecidos en esta ley, para una determinada vía o parte de ésta.

Asimismo, las Municipalidades en las zonas urbanas, por razones fundadas, podrán establecer zonas de tránsito calmado en áreas residenciales o de alta concentración de comercio y servicios, entre otras.

Ley Nº 18.290
Art. 151
D.O. 07.02.1984

Ley Nº 19.676
Art. 2º Nº 2
D.O. 29.05.2000

Ley Nº 20.068
Art. 1º Nº 56 a)
D.O. 10.12.2005

Estas modificaciones deberán contar con informe previo del Ministerio de Transportes y Telecomunicaciones, a través de la Secretaría Regional Ministerial competente, y deberán darse a conocer por medio de señales oficiales.

Ley 21088
Art. 1 Nº 24 a)
D.O. 10.05.2018

En Zona de Escuela, en horarios de entrada y salida de los alumnos, los vehículos no podrán circular a más de treinta kilómetros por hora.

Ley 21088
Art. 1 Nº 24 b)
D.O. 10.05.2018

El conductor que se aproxime a un vehículo de transporte escolar detenido con su dispositivo de luz intermitente, en los lugares habilitados para ello, deberá reducir la velocidad hasta detenerse si fuera necesario, para continuar luego con la debida precaución.

Ley Nº 18.290
Art. 151
D.O. 07.02.1984

Ley Nº 20.068
Art. 1º Nº 56 b)
D.O. 10.12.2005

Ley Nº 20.068
Art. 1º Nº 56 c)
D.O. 10.12.2005

Artículo 147.- No deberá conducirse un vehículo motorizado a una velocidad tan baja que impida el desplazamiento normal y adecuado de la circulación.

Ley 21088
Art. 1 N° 25 a), b)
D.O. 10.05.2018

La Dirección de Vialidad o las Municipalidades, podrán fijar velocidades mínimas, bajo las cuales ningún conductor podrá conducir su vehículo motorizado, cuando por estudios técnicos se establezca su necesidad para el normal y adecuado desplazamiento de la circulación.

Ley N° 18.290
Art. 152
D.O. 07.02.1984

Ley N° 20.068
Art. 1° N° 57 a) y b)
D.O. 10.12.2005

TÍTULO XIII
DEL ESTACIONAMIENTO Y DE LA DETENCIÓN
(ARTS. 148-159)

Artículo 148.- Los vehículos deberán ser estacionados al lado derecho de la calzada en el sentido del tránsito. Las Municipalidades o la Dirección de Vialidad, podrán, en caso debidamente calificado y siempre que no entorpezcan la circulación, autorizar la detención o el estacionamiento al lado izquierdo, colocando para ello la correspondiente señalización, sin perjuicio de la facultad que corresponde a los Secretarios Regionales Ministeriales de Transportes y Telecomunicaciones conforme a lo dispuesto en el artículo 86.

Ley N° 18.290
Art. 153
D.O. 07.02.1984

Ley 20877
Art. 3 N° 4
D.O. 30.11.2015

En todas las vías públicas donde esté permitido estacionar sujeto al pago de un precio o tarifa, su cobro deberá efectuarse de conformidad a lo dispuesto en los números 1, 2 y 3 del artículo 15 A de la ley N° 19.496. No se podrá exigir al usuario, bajo circunstancia alguna, el pago por rangos o tramos de tiempo superior o distinto del tiempo efectivamente utilizado.

Ley 20967
Art. 2
D.O. 17.11.2016

Artículo 149.- En todas las vías públicas en que esté permitido estacionar, gratuitamente o no, las municipalidades deberán establecer dos estacionamientos por cada tres cuadras, destinados exclusivamente al uso de cualquier persona con discapacidad, los que deberán estar debidamente señalizados o demarcados.

Estos estacionamientos podrán ser utilizados por cualquier vehículo que las transporte, y durante el tiempo de permanencia en alguno de ellos debe exhibirse en el interior del vehículo, de manera visible, en el costado inferior izquierdo del parabrisas delantero, la credencial de inscripción en el Registro Nacional de la Discapacidad que lleva el Servicio de Registro Civil e

Identificación. Ya sea a la entrada o a la salida del estacionamiento, la persona con discapacidad deberá encontrarse en el vehículo.

Ley N° 18.290
Art. 153 bis
D.O. 07.02.1984

Ley N° 19.900
Art. Único a)
D.O. 09.10.2003

Artículo 150.- En los caminos o vías rurales, el estacionamiento deberá hacerse con toda la estructura del vehículo sobre la berma, si la hubiere. En caso contrario, el estacionamiento se hará siempre al costado derecho en el sentido de la circulación y lo más próximo a la cuneta del mismo lado.

Ley N° 18.290
Art. 154
D.O. 07.02.1984

Artículo 151.- Los vehículos deberán ser estacionados paralelamente a la cuneta de su lado derecho y con las ruedas a menos de 30 centímetros de ella, salvo en los sitios donde se haya autorizado otra forma de estacionamiento. Si se tratare de vehículos de carga o de locomoción colectiva, esta distancia se medirá desde el costado de la carrocería del vehículo hacia la cuneta.

Asimismo, los vehículos deberán ser estacionados en forma longitudinal al sentido de la circulación y dejando, por lo menos, 60 centímetros de distancia entre vehículos. Igual distancia se conservará si el estacionamiento fuere transversal o en ángulo.

Ley N° 18.290
Art. 155
D.O. 07.02.1984

Artículo 152.- El conductor que estacione un vehículo motorizado deberá frenarlo y detener el motor.

Si la vía en que se estacione tuviere inclinación deberá dejarlo, además, con sus ruedas delanteras giradas hacia la cuneta o la calzada, según se trate de bajada o de subida, respectivamente.

Ley N° 18.290
Art. 156
D.O. 07.02.1984

Artículo 153.- La detención en sitios no autorizados para estacionarse, se permitirá sólo por el tiempo mínimo necesario para tomar o dejar pasajeros.

Ley N° 18.290
Art. 157
D.O. 07.02.1984

Ley 21088
Art. 1 N° 26
D.O. 10.05.2018

Se prohíbe al conductor y pasajeros abrir las puertas del vehículo antes de su completa detención, mantenerlas abiertas y descender o permitir el descenso, sin asegurarse previamente de que ello no implica entorpecimiento o peligro.

Ley N° 20.068
Art. 1° N° 58
D.O. 10.12.2005

Ley N° 18.290
Art. 158
D.O. 07.02.1984

Ley N° 20.068
Art. 1° N° 59
D.O. 10.12.2005

Artículo 154.- Se prohíben las siguientes detenciones y estacionamientos:

Ley N° 18.290
Art. 159
D.O. 07.02.1984

1.- En cualquier lugar en que las señales oficiales lo prohíban;

2.- En aceras, pasos de peatones o lugares destinados exclusivamente al tránsito de los mismos;

3.- En doble fila, respecto a otro vehículo detenido o estacionado en la calzada junto a la cuneta;

4.- A los lados, sobre o entre los refugios para peatones, platabandas o bandejones;

5.- Al costado o al lado opuesto de cualquiera obstrucción de tránsito, excavación o trabajos en una calzada;

6.- En los puentes, túneles, estructuras elevadas y pasos bajo y sobre nivel de las vías públicas, en las cuestas, en las curvas de los caminos;

7.- Dentro de un cruce;

8.- En las calzadas o bermas de los caminos públicos de dos o más pistas de circulación en un mismo sentido, y

9.- De vehículos motorizados en las ciclovías.

Ley N° 20.068
Art. 1° N° 60
D.O. 10.12.2005

Ley 21088
Art. 1 N° 27 a), b), c)
D.O. 10.05.2018

Artículo 155.- Se prohíbe además estacionar:

1.- A menos de cinco metros de los grifos para incendio y de diez metros de la entrada de un cuartel de bombas o postas de primeros auxilios y hospitales;

Ley N° 18.290
Art. 160
D.O. 07.02.1984

2.- A menos de veinte metros de un cruce ferroviario a nivel;

Ley N° 18.290
Art. 160 N° 1
D.O. 07.02.1984

Ley N° 18.389
Art. Único N° 1
D.O. 11.01.1985

3.- A menos de diez metros de una esquina;

Ley N° 18.290
Art. 160 N° 2
D.O. 07.02.1984

4.- A menos de veinte metros de las señales verticales que indiquen la existencia de una parada de vehículos de locomoción colectiva. Las Municipalidades podrán aumentar dicha distancia;

Ley N° 18.290
Art. 160 N° 3
D.O. 07.02.1984

5.- A menos de tres metros de las puertas de iglesias, establecimientos educacionales, hoteles y salas de espectáculos o de entretenimientos, durante las horas de afluencia de público o de funciones;

Ley N° 18.290
Art. 160 N° 4
D.O. 07.02.1984

6.- Frente a las puertas de los garajes de casas particulares y estacionamientos comerciales;

Ley N° 18.290
Art. 160 N° 5
D.O. 07.02.1984

Rectificación
D.O. 16.02.1984

7.- A menos de diez metros de un signo "PARE", "CEDA EL PASO", de advertencia de peligro, tales como "ESCUELA", "CURVA" o "PUENTE ANGOSTO", y

Ley N° 18.290
Art. 160 N° 6
D.O. 07.02.1984

8.- A menos de 15 metros de la puerta principal de entrada a recintos militares, policiales o de Gendarmería de Chile. Esta prohibición se indicará, a requerimiento de la respectiva institución u organismo, mediante señales oficiales, y no se aplicará a los vehículos de propiedad de las respectivas instituciones, ni a los vehículos que éstas autoricen al efecto.

Ley N° 18.290
Art. 160 N° 7
D.O. 07.02.1984

Las distancias establecidas en este artículo se entienden medidas por el costado de la acera correspondiente.

Ley N° 18.389
Art. Único N° 1
D.O. 11.01.1985

Ley N° 20.068
Art. 1° N° 61 a)
D.O. 10.12.2005

Ley N° 20.068
Art. 1° N° 61 b)
D.O. 10.12.2005

Ley N° 18.290
Art. 161
D.O. 07.02.1984

Ley N° 20.068
Art. 1° N° 62
D.O. 10.12.2005

Artículo 156.- Carabineros de Chile e Inspectores Fiscales o Municipales podrán retirar los vehículos abandonados o que se encuentren estacionados sin su conductor, contraviniendo las disposiciones de esta ley, enviándolos a los locales que, para tal efecto, debe habilitar y mantener la Municipalidad.

El costo del traslado, bodegaje y otros en que incurriere la autoridad por estos motivos, será de cargo del infractor y no podrá retirar el vehículo del lugar de almacenamiento sin el previo pago del mismo.

Lo anterior será sin perjuicio de la sanción que corresponda por la infracción.

Ley N° 18.290
Art. 161
D.O. 07.02.1984

Artículo 157.- Todo vehículo estacionado en una vía pública, sin alumbrado público inmediato, deberá mantener encendidas sus luces de estacionamiento o luces de emergencia durante la noche o cuando las condiciones de visibilidad lo requieran.

Los conductores de vehículos estacionados accidentalmente por averías, desperfectos mecánicos u otras causas similares, deberán advertir el hecho mediante los dispositivos para casos de emergencia que determine el reglamento.

Ley N° 18.290
Art. 162
D.O. 07.02.1984

Ley N° 20.068
Art. 1° N° 63 a)
D.O. 10.12.2005

Ley N° 18.290
Art. 162
D.O. 07.02.1984

Ley N° 20.068
Art. 1° N° 63 b)
D.O. 10.12.2005

Artículo 158.- Las Municipalidades podrán prohibir el estacionamiento o limitar su tiempo en horas y lugares determinados, colocando la señalización reglamentaria.

Ley N° 18.290
Art. 163
D.O. 07.02.1984

Artículo 159.- Las Municipalidades, en casos calificados, podrán autorizar estacionamientos reservados. En vías de red vial básica, la autorización se regirá por el reglamento que dicte el Ministerio de Transportes y Telecomunicaciones.

Ley N° 18.290
Art. 164

D.O. 07.02.1984

Ley N° 20.068
Art. 1° N° 64 a)
D.O. 10.12.2005

Ley N° 20.068
Art. 1° N° 64 b)
D.O. 10.12.2005

El estacionamiento reservado podrá ser ocupado por cualquier otro vehículo, siempre que su conductor permanezca en él, a fin de retirarlo cuando llegue el vehículo que goce de la reserva.

Ley N° 18.290
Art. 164
D.O. 07.02.1984

Rectificación
D.O. 16.02.1984

TÍTULO XIV
DISPOSICIONES GENERALES SOBRE USO DE LAS VÍAS
(ARTS. 160-164)

Artículo 160.- Las vías públicas deberán destinarse a cumplir su objetivo.

Ley N° 18.290
Art. 165
D.O. 07.02.1984

Prohíbese en las vías públicas:

Ley N° 18.290
Art. 165 N° 1
D.O. 07.02.1984

1.- Destinar las calzadas de calles o caminos a otro uso que no sea el tránsito de vehículos;

Ley N° 18.290
Art. 165 N° 2
D.O. 07.02.1984

2.- Practicar cualquier juego o deporte;

Ley N° 18.290
Art. 165 N° 3
D.O. 07.02.1984

Ley N° 20.068
Art. 1° N° 65
D.O. 10.12.2005

3.- Ejercer el comercio ambulante en calzadas y bermas o el comercio estacionado sin permiso municipal o sin autorización del Ministerio de Obras Públicas, en su caso;

Ley N° 18.290
Art. 165 N° 4
D.O. 07.02.1984

Ley N° 20.068

Art. 1° N° 65
D.O. 10.12.2005

4.- Construir o colocar quioscos, casetas y toda otra instalación similar, sin permiso del Ministerio de Obras Públicas o de la municipalidad, en su caso;

Ley N° 18.290
Art. 165 N° 5
D.O. 07.02.1984

5.- Colocar, cargar, arrastrar o hacer rodar bultos, canastos u otros, cuyo tamaño o forma moleste a los peatones o entorpezca el tránsito;

Ley N° 18.290
Art. 165 N° 6
D.O. 07.02.1984

6.- Colocar propaganda y otros objetos que puedan entorpecer el tránsito de peatones o vehículos;

Ley N° 18.290
Art. 165 N° 7
D.O. 07.02.1984

7.- Ejecutar cualquier trabajo en las aceras o calzadas sin permiso de la Municipalidad o de la Dirección de Vialidad, en su caso, y sin dar aviso previo de ello a la unidad de Carabineros del sector;

Ley N° 18.290
Art. 165 N° 8
D.O. 07.02.1984

8.- Depositar escombros y otros materiales sin permiso de la Municipalidad o la Dirección de Vialidad, en su caso;

Ley N° 18.290
Art. 165 N° 9
D.O. 07.02.1984

9.- Efectuar trabajos de mecánica que no sean de emergencia y lavar vehículos;

Ley N° 18.290
Art. 165 N° 10
D.O. 07.02.1984

10.- Instalar bombas surtidoras de combustibles, y

Ley N° 18.290
Art. 165 N° 11
D.O. 07.02.1984

Ley N° 19.495
Art. 1° N° 33 a)
D.O. 08.03.1997

11.- Dejar animales sueltos o amarrados en forma que pudieren obstaculizar el tránsito. El cruce de animales de uno a otro lado de la vía, sólo podrá hacerse en lugares autorizados y previamente señalizados.

Ley N° 18.290
Art. 165 N° 11

D.O. 07.02.1984

Los dueños u ocupantes de predios con acceso a las vías públicas deberán mantener en buenas condiciones los cercos y puertas para evitar la salida del ganado.

No se podrá efectuar arreo de animales por caminos nacionales sin contar con permiso previo de la autoridad correspondiente. En la XI y XII Regiones, la autoridad regional correspondiente podrá establecer normas permanentes para el arreo de animales por caminos públicos.

Ley N° 19.495
Art. 1° N° 33 b)
D.O. 08.03.1997

Artículo 161.- El Ministerio de Transportes y Telecomunicaciones podrá autorizar, en casos calificados, que una determinada avenida o calle sea destinada a un uso distinto del tránsito de vehículos.

Ley N° 18.290
Art. 166
D.O. 07.02.1984

Artículo 162.- El tránsito de los peatones deberá hacerse de acuerdo con las normas siguientes:

Ley N° 18.290
Art. 167
D.O. 07.02.1984

1.- Por las aceras;

Ley N° 18.290
Art. 167 N° 1
D.O. 07.02.1984

2.- En aquellas vías públicas donde no haya acera, deberán hacerlo por las bermas o franjas laterales de la calzada y por el costado izquierdo de ellas, enfrentando los vehículos que circulen en sentido opuesto;

Ley N° 18.290
Art. 167 N° 2
D.O. 07.02.1984

3.- No podrán permanecer en las calzadas de las calles, caminos o ciclovías, ni saltar vallas peatonales ni pasar entre o sobre rejas u otros dispositivos existentes entre calzadas con tránsito opuesto;

Ley 21088
Art. 1 N° 28
D.O. 10.05.2018

4.- Cruzar las calzadas por los pasos para peatones o por los pasos a desnivel; 5.- En ningún caso podrán cruzar la calzada en forma diagonal o por el área de intersección de las calzadas;

Ley N° 18.290
Art. 167 N° 3
D.O. 07.02.1984

Ley N° 20.068
Art. 1° N° 66 a)
D.O. 10.12.2005

6.- En los lugares regulados por Carabineros o semáforos, deberán respetar sus señales y no podrán iniciar el cruce o bajar a la calzada hasta que les sea indicado.

Ley Nº 18.290
Art. 167 Nº 4
D.O. 07.02.1984

Ley Nº 20.068
Art. 1º Nº 66 b)
D.O.10.12.2005

Ley Nº 18.290
Art. 167 Nº 5
D.O. 07.02.1984

Ley Nº 20.068
Art. 1º Nº 66 c)
D.O. 10.12.2005

El peatón que haya iniciado el cruce reglamentario, tendrá derecho a continuarlo no obstante se produjere un cambio en la señal, y los conductores deberán respetar ese derecho.

Ley Nº 18.290
Art. 167 Nº 6
D.O. 07.02.1984

En todo caso, en los pasos para peatones tendrán derecho preferente de paso sobre los vehículos que viren;

Ley Nº 18.290
Art. 167 Nº 7
D.O. 07.02.1984

Ley Nº 20.068
Art. 1º Nº 66 d)
D.O. 10.12.2005

7.- En los pasos peatonales no regulados, los peatones tendrán derecho preferente de paso respecto de los vehículos. Sin embargo, ningún peatón podrá bajar repentinamente de la acera o cruzar la calzada corriendo;

Ley Nº 18.290
Art. 167 Nº 8
D.O. 07.02.1984

8.- No podrán subir o bajar de los vehículos en movimiento o por su lado hacia la calzada;

Ley Nº 18.290
Art. 167 Nº 9
D.O. 07.02.1984

9.- Deberán respetar el derecho preferente de paso de los vehículos de emergencia, que se anuncien con sus elementos sonoros y luminosos, y

Ley Nº 18.290
Art. 167 Nº 10
D.O. 07.02.1984

10.- No podrán transitar tan cerca de las soleras de modo que se expongan a ser embestidos por los vehículos que se aproximen.

Ley Nº 18.290
Art. 167 Nº 11
D.O. 07.02.1984

Artículo 163.- La circulación, el estacionamiento y el horario para las faenas de recolección de desechos y de carga y descarga de los vehículos, será reglamentada por las respectivas Municipalidades en conformidad a las disposiciones generales que determine el Ministerio de Transportes y Telecomunicaciones.

Ley Nº 18.290
Art. 168
D.O. 07.02.1984

Artículo 164.- Los Alcaldes no podrán autorizar actividades deportivas a efectuarse en la vía pública, sin previo informe escrito de Carabineros de Chile.

En el caso de carreras de automóviles o de otras competencias de vehículos motorizados, dicha autoridad deberá exigir a los organizadores de la prueba un seguro de accidentes personales de características similares al contemplado en el Título I de la Ley Nº 18.490, por los daños que puedan ocasionar a terceros no transportados en los vehículos de competencia.

Ley Nº 18.290
Art. 169
D.O. 07.02.1984

Ley Nº 18.931
Art. 1º Nº 8
D.O. 15.02.1990

En el caso de las actividades que se desarrollen en las vías de la red vial básica, la autorización deberá concederse por el Ministerio de Transportes y Telecomunicaciones, y en el caso de aquellas que se efectúen en caminos públicos, por el Ministerio de Obras Públicas.

Ley Nº 20.068
Art. 1º Nº 67
D.O. 10.12.2005

TÍTULO XV
DE LA RESPONSABILIDAD POR LOS ACCIDENTES
(ARTS. 165-171)

Artículo 165.- Toda persona que conduzca un vehículo en forma de hacer peligrar la seguridad de los demás, sin consideración de los derechos de éstos o infringiendo las reglas de circulación o de seguridad establecidas en esta ley, será responsable de los perjuicios que de ello provengan.

Ley Nº 18.290
Art. 170
D.O. 07.02.1984

Artículo 166.- El mero hecho de la infracción no determina necesariamente la responsabilidad civil del infractor, si no existe relación de causa a efecto entre la infracción y el daño producido por el accidente. En consecuencia, si una persona infringe alguna disposición y tal contravención no ha sido causa determinante de los daños producidos, no estará obligada a la indemnización.

Ley Nº 18.290

Art. 171
D.O. 07.02.1984

Artículo 167.- En los accidentes del tránsito, constituyen presunción de responsabilidad del conductor, los siguientes casos:

Ley Nº 18.290
Art. 172
D.O. 07.02.1984

1.- Conducir un vehículo sin haber obtenido la licencia correspondiente o encontrándose ésta cancelada o adulterada;

Ley Nº 18.290
Art. 172 Nº 1
D.O. 07.02.1984

2.- No estar atento a las condiciones del tránsito del momento;

Ley Nº 18.290
Art. 172 Nº 2
D.O. 07.02.1984

3.- Conducir en condiciones físicas deficientes o bajo la influencia del alcohol o de estupefacientes o sustancias sicotrópicas;

Ley Nº 18.290
Art. 172 Nº 3
D.O. 07.02.1984

Ley Nº 19.495
Art. 1º Nº 34 a)
D.O. 08.03.1997

4.- Conducir un vehículo sin sistemas de frenos o que accionen éstos en forma deficiente, con un mecanismo de dirección, neumáticos, o luces reglamentarias en mal estado o sin limpiaparabrisas cuando las condiciones del tiempo exigieren su uso;

Ley Nº 18.290
Art. 172 Nº 4
D.O. 07.02.1984

5.- Conducir un vehículo sin dar cumplimiento a las restricciones u obligaciones que se le hayan impuesto en la licencia de conductor;

Ley Nº 18.290
Art. 172 Nº 5
D.O. 07.02.1984

6.- Conducir un vehículo de la locomoción colectiva que no cumpla con las revisiones técnicas y condiciones de seguridad reglamentarias;

Ley Nº 18.290
Art. 172 Nº 6
D.O. 07.02.1984

7.- Conducir a mayor velocidad que la permitida o a una velocidad no razonable y prudente, según lo establecido en el artículo 144;

Ley Nº 18.290
Art. 172 Nº 7

D.O. 07.02.1984

Ley Nº 20.068
Art. 1º Nº 68 a)
D.O. 10.12.2005

8.- Conducir contra el sentido de la circulación;

Ley Nº 18.290
Art. 172 Nº 8
D.O. 07.02.1984

9.- Conducir a la izquierda del eje de la calzada en una vía que tenga tránsito en sentidos opuestos, no conservar la derecha al aproximarse a una cuesta, curva, puente, túnel, paso a nivel o sobre nivel;

Ley Nº 18.290
Art. 172 Nº 9
D.O. 07.02.1984

10.- No respetar el derecho preferente de paso de peatones o vehículos y las indicaciones del tránsito dirigido o señalizado;

Ley Nº 18.290
Art. 172 Nº 10
D.O. 07.02.1984

11.- Conducir un vehículo cuya carga o pasajeros obstruyan la visual del conductor hacia el frente, atrás o costados, o impidan el control sobre el sistema de dirección, frenos y de seguridad;

Ley Nº 18.290
Art. 172 Nº 11
D.O. 07.02.1984

12.- Conducir un vehículo con mayor carga que la autorizada y, en los vehículos articulados, no llevar los elementos de seguridad necesarios;

Ley Nº 18.290
Art. 172 Nº 12
D.O. 07.02.1984

13.- Salirse de la pista de circulación o cortar u obstruir sorpresivamente la circulación reglamentaria de otro vehículo;

Ley Nº 18.290
Art. 172 Nº 13
D.O. 07.02.1984

14.- Detenerse o estacionarse en una curva, en la cima de una cuesta, en el interior de un túnel, en ciclovías o sobre un puente y en la intersección de calles o caminos, o en contravención a lo dispuesto en el número 8 del artículo 154;

Ley 21088
Art. 1 Nº 29
D.O. 10.05.2018

15.- No hacer el conductor, en forma oportuna, las señales reglamentarias;

Ley Nº 18.290
Art. 172 Nº 14

D.O. 07.02.1984

Ley N° 20.068
Art. 1° N° 68 b)
D.O. 10.12.2005

16.- Adelantar en cualquiera de los lugares a que se refiere el número nueve de este artículo, o en las zonas prohibidas, o hacerlo sin tener la visual o el espacio suficiente;

Ley N° 18.290
Art. 172 N° 15
D.O. 07.02.1984

17.- No mantener una distancia razonable y prudente con los vehículos que le anteceden;

Ley N° 18.290
Art. 172 N° 16
D.O. 07.02.1984

18.- Conducir un vehículo haciendo uso de cualquier elemento que aísle al conductor de su medio ambiente acústico u óptico, y

Ley N° 18.290
Art. 172 N° 17
D.O. 07.02.1984

Ley N° 18.290
Art. 172 N° 18
D.O. 07.02.1984

Ley N° 20.068
Art. 1° N° 68 letra c)
D.O. 10.12.2005

19.- Negarse, sin causa justificada, a que se le practiquen los exámenes a que se refiere el artículo 183.

Ley N° 18.290
Art. 172 N° 19
D.O. 07.02.1984

Ley N° 18.290
Art. 172 N° 20
D.O. 07.02.1984

Ley N° 19.495
Art. 1° N° 34 b)
D.O. 08.03.1997

Artículo 168.- En todo accidente del tránsito en que se produzcan daños el o los participantes estarán obligados a dar cuenta de inmediato a la autoridad policial más próxima.

Se presumirá la culpabilidad del o de los que no lo hicieren y abandonaren el lugar del accidente.

Ley N° 18.290
Art. 173
D.O. 07.02.1984

Asimismo, se presumirá la responsabilidad del conductor que no cumpla lo establecido en el artículo 176 y abandonare el lugar del accidente.

En todo caso, para hacer efectivos los seguros de daños a terceros o propios, el interesado deberá informar el siniestro mediante declaración jurada simple presentada ante la respectiva compañía aseguradora, y no se requerirá de otros actos o documentos expedidos por la autoridad policial, tales como constancias o denuncias.

Ley 20931
Art. 9
D.O. 05.07.2016

Artículo 169.- De las infracciones a los preceptos del tránsito será responsable el conductor del vehículo.

El conductor, el propietario del vehículo y el tenedor del mismo a cualquier título, a menos que estos últimos acrediten que el vehículo fue usado contra su voluntad, son solidariamente responsables de los daños o perjuicios que se ocasionen con su uso, sin perjuicio de la responsabilidad de terceros de conformidad a la legislación vigente.

Ley Nº 18.290
Art. 174
D.O. 07.02.1984

No obstante lo establecido en el inciso anterior, el funcionario de Carabineros de Chile, de la Policía de Investigaciones de Chile o de Gendarmería de Chile, que conduciendo un vehículo motorizado en persecución de un delito o en la ejecución de procedimientos estrictamente policiales o propios de la institución a la que pertenece ocasione daños o perjuicios, no será responsable de ellos, sin perjuicio de la responsabilidad que le corresponda al propietario del vehículo.

Ley 21560
Art. 12
D.O. 10.04.2023

De igual manera, si se otorgare una licencia de conductor con infracción a las normas de esta ley, el o los funcionarios responsables de ello, sean o no municipales, serán solidariamente responsables de los daños y perjuicios que se ocasionen por culpa del conductor a quien se le hubiere otorgado dicha licencia, sin perjuicio de las sanciones penales y administrativas que correspondan.

Ley Nº 18.290
Art. 174
D.O. 07.02.1984

Ley Nº 19.495
Art. 1º Nº 35 a)
D.O. 08.03.1997

Ley Nº 20.068
Art. 1º Nº 69 a)
D.O. 10.12.2005

El concesionario de un establecimiento a que se refiere el artículo 4º de la ley Nº 18.696, será civil y solidariamente responsable de los daños y perjuicios originados por un accidente de tránsito, causado por desperfectos de un vehículo respecto del cual se hubiese expedido un certificado falso, ya sea por no haberse practicado realmente la revisión o por contener afirmaciones de hechos contrarios a la verdad.

Ley Nº 19.495
Art. 1º Nº 35 b)

D.O. 08.03.1997

La Municipalidad respectiva o el Fisco, en su caso, serán responsables civilmente de los daños que se causaren con ocasión de un accidente que sea consecuencia del mal estado de las vías públicas o de su falta o inadecuada señalización. En este último caso, la demanda civil deberá interponerse ante el Juez de Letras en lo civil correspondiente y se tramitará de acuerdo a las normas del juicio sumario.

Ley N° 19.495
Art. 1° N° 35 b)
D.O. 08.03.1997

La responsabilidad civil del propietario del vehículo será de cargo del arrendatario del mismo cuando el contrato de arrendamiento sea con opción de compra e irrevocable y cuya inscripción en el Registro de Vehículos Motorizados haya sido solicitada con anterioridad al accidente. En todo caso, el afectado podrá ejercer sus derechos sobre el vehículo arrendado.

Ley N° 19.495
Art. 1° N° 35 b)
D.O. 08.03.1997

Ley N° 20.068
Art. 1° N° 69 b)
D.O. 10.12.2005

La Ley 21549, Art. 23 N° 2 a), D.O. 10.04.2023 modificó este Artículo, lo que depende del siguiente evento para que entre en vigencia: La ley 21549 introdujo modificaciones a los artículos 4, 170 y 211 de esta ley, las cuales entrarán en vigor transcurridos noventa días desde la publicación en el Diario Oficial del último de los reglamentos a que hace referencia el artículo segundo transitorio del citado cuerpo legal.

Artículo 170.- Salvo prueba en contrario, las infracciones que se deriven del mal estado y condiciones del vehículo serán imputables a su propietario, sin perjuicio de la responsabilidad que corresponde al conductor.

También serán imputables al propietario, las contravenciones cometidas por un conductor que no haya sido individualizado, salvo que aquél acredite que el vehículo le fue tomado sin su conocimiento o sin su autorización expresa o tácita.

Ley N° 18.290
Art. 175
D.O. 07.02.1984

Las infracciones de responsabilidad del propietario del vehículo serán de cargo de éste, o del tenedor del mismo cuando aquél haya cedido la tenencia o posesión del vehículo en virtud de un contrato de arrendamiento o a cualquier otro título.

Ley N° 18.290
Art. 175
D.O. 07.02.1984

Para hacer efectiva la responsabilidad del conductor o del tenedor del vehículo, de acuerdo a lo contemplado en los incisos anteriores, el propietario del mismo deberá individualizarlo de manera tal que permita su notificación. En caso de no poder practicar tal notificación, por ser inexistente o no corresponder al domicilio u otro antecedente entregado por el propietario, se dejará constancia de tal circunstancia en el proceso, debiendo el juez hacer efectiva la responsabilidad infraccional en contra del propietario del vehículo.

Ley N° 19.171
Art. 2°, d)
D.O. 13.12.1993

No obstante lo señalado en el inciso anterior, respecto de la infracción contenida en el artículo 114 de la presente ley, será siempre responsable la persona a cuyo nombre esté inscrito el vehículo, sin perjuicio de su derecho de repetir contra el conductor del mismo.

Ley N° 19.841
Art. 1° N° 3
D.O. 19.12.2002

La suspensión o cancelación de la licencia de conducir sólo es aplicable por infracciones cometidas conduciendo personalmente un vehículo.

Ley N° 19.171
Art. 2°, d)
D.O. 13.12.1993

Artículo 171.- Se presumirá la culpabilidad del peatón que cruce la calzada en lugar prohibido; del que pase por delante de un vehículo detenido habiendo tránsito libre en la vía respectiva; del que transite bajo la influencia del alcohol, drogas o estupefacientes y, en general, del que infringiere lo dispuesto en el artículo 162.

Ley N° 18.290
Art. 176
D.O. 07.02.1984

Ley N° 18.290
Art. 177
D.O. 07.02.1984

Ley N° 19.495
Art. 1° N° 36
D.O. 08.03.1997

TÍTULO XVI
DE LOS PROCEDIMIENTOS POLICIALES Y ADMINISTRATIVOS
(ARTS. 172-189)

Artículo 172.- Toda modificación que se hiciera al sentido del tránsito de las vías públicas, deberá darse a conocer por la municipalidad correspondiente por medio de avisos, que se difundirán por tres días, a lo menos, en el diario, periódico, radios, u otros medios de comunicación social, de mayor circulación o sintonía en la comuna o comunas que correspondan. La modificación sólo entrará a regir una vez efectuada la difusión indicada e instaladas las señalizaciones oficiales.

Los actos administrativos que dicte el Secretario Regional Ministerial de Transportes y Telecomunicaciones, durante los episodios críticos de contaminación ambiental, producirán sus efectos desde la fecha de su dictación, entendiéndose notificados los usuarios mediante la publicidad de la decisión en los medios de comunicación social, sin perjuicio de su posterior publicación en el Diario Oficial.

Ley N° 18.290

Art. 178
D.O. 07.02.1984

Ley N° 20.068
Art. 1° N° 70
D.O. 10.12.2005

Artículo 173.- Los vehículos que hayan sufrido un desperfecto o que a raíz de un accidente resulten dañados o destruidos, no podrán permanecer en la vía pública entorpeciendo el tránsito y serán retirados, a la brevedad, por el conductor. Si éste no lo hiciere, serán retirados por orden de los funcionarios a que alude el artículo 4°, a costa de su dueño.

Ley N° 18.290
Art. 179
D.O. 07.02.1984

Ley N° 20.068
Art. 1° N° 71 a)
D.O. 10.12.2005

En los casos de fuga del conductor que haya participado en un accidente o infringido una norma de tránsito, el vehículo será retirado y puesto a disposición del Tribunal competente o del Ministerio Público.

Ley N° 18.290
Art. 179
D.O. 07.02.1984

Ley N° 20.068
Art. 1° N° 71 b)
D.O. 10.12.2005

Si el vehículo permaneciere en la vía pública y su dueño no lo retirare dentro del plazo de veinticuatro horas, será puesto a disposición del Juzgado de Policía Local correspondiente, en los locales que, para tal efecto, debe habilitar y mantener la Municipalidad.

Ley N° 18.290
Art. 179
D.O. 07.02.1984

Artículo 174.- Los vehículos participantes en accidentes de tránsito donde resultaren lesionados graves o muertos, serán retirados de la circulación por orden de Carabineros, a costa de su dueño, y puestos a disposición del Tribunal correspondiente, en los locales que, para tal efecto, deberán habilitar y mantener las Municipalidades.

Ley N° 18.290
Art. 180
D.O. 07.02.1984

Ley N° 20.068
Art. 1° N° 72
D.O. 10.12.2005

Igual procedimiento se aplicará respecto de los vehículos que llevaren una placa patente falsa o que correspondiere a otro vehículo.

Ley N° 18.290
Art. 180
D.O. 07.02.1984

Artículo 175.- Carabineros retirará la licencia, permiso o documento para conducir a los infractores y los enviará, junto con la denuncia respectiva, al Tribunal que corresponda o al Ministerio Público.

Ley Nº 18.290
Art. 181
D.O. 07.02.1984

Ley Nº 20.068
Art. 1º Nº 73 a)
D.O. 10.12.2005

En tal caso, la licencia, permiso o documento, será reemplazado por la boleta de citación del inculpado, que le servirá para conducir sólo hasta el día y hora de la comparecencia indicada en ella.

Ley Nº 18.290
Art. 181
D.O. 07.02.1984

Si el infractor a las normas de esta ley fuere peatón, pasajero o ciclista, sólo se le extenderá la correspondiente citación al Juzgado respectivo, fijándole día y hora para la comparecencia. En estos casos se presumirá la responsabilidad del infractor si no concurriere personal o debidamente representado a la audiencia para la cual fue citado.

Ley Nº 18.290
Art. 181
D.O. 07.02.1984

Ley Nº 20.068
Art. 1º Nº 73 b)
D.O. 10.12.2005

En las infracciones señaladas en los artículos 200, Nº 26 y 201, Nº 10, se entregará la boleta de citación al conductor del vehículo y, sin perjuicio de la que pudiere formularse en contra de éste, se entenderá que la denuncia es contra del propietario y se someterá al procedimiento del artículo 3º de la Ley Nº 18.287 para las denuncias por escrito. En estos casos, no se retendrán los documentos del vehículo o del conductor, si sólo se denunciare al propietario.

Ley Nº 18.597
Art. 1º Nº 15
D.O. 29.01.1987

Ley Nº 18.290
Art. 182
D.O. 07.02.1984

Ley Nº 19.495
Art. 1º Nº 37
D.O. 08.03.1997

Artículo 176.- En todo accidente del tránsito en que se produzcan lesiones o muerte, el conductor que participe en los hechos estará obligado a detener su marcha, prestar la ayuda que fuese posible y dar cuenta a la autoridad policial más inmediata, entendiéndose por tal cualquier funcionario de Carabineros que estuviere próximo al lugar del hecho, para los efectos de la denuncia ante el Tribunal correspondiente.

Ley 20770

Art. 1 N° 1 a), b)
D.O. 16.09.2014

Ley N° 18.290
Art. 183
D.O. 07.02.1984

Artículo 177.- Si en un accidente sólo resultaren daños materiales y los conductores acudieren a dar cuenta a la unidad de Carabineros del sector, dicha unidad hará constar el hecho en el Libro de Guardia, y sólo formulará la respectiva denuncia ante el Juzgado de Policía Local competente, si alguno de los interesados lo solicitare, sin retirarle la licencia, permiso u otro documento para conducir.

Ley N° 18.290
Art. 184
D.O. 07.02.1984

Artículo 178.- En las denuncias por simples infracciones o por accidentes del tránsito en que se causaren daños o lesiones leves, las unidades de Carabineros enviarán la denuncia y los documentos o licencias al Juzgado de Policía Local correspondiente.

En caso de accidentes del tránsito en que resultaren daños en bienes de propiedad fiscal, Carabineros, simultáneamente con la denuncia que haga al Tribunal correspondiente o al Ministerio Público, deberá enviar copia de ella al Consejo de Defensa del Estado o al correspondiente abogado procurador Fiscal.

Ley N° 18.290
Art. 185
D.O. 07.02.1984

Cuando en los accidentes del tránsito resulten lesiones menos graves, graves o la muerte de alguna persona y en los casos de manejo de vehículos en estado de ebriedad o bajo la influencia de estupefacientes o sustancias sicotrópicas, Carabineros remitirá, junto con la denuncia, los documentos o licencias al Juzgado del Crimen correspondiente o al Ministerio Público.

Ley N° 18.290
Art. 185
D.O. 07.02.1984

Ley N° 20.068
Art. 1° N° 74 a)
D.O. 10.12.2005

Asimismo, en los accidentes de tránsito en que resultaren daños a los vehículos, lesiones menos graves, graves o muerte de alguna persona, Carabineros de Chile deberá indicar en la denuncia los siguientes antecedentes del seguro obligatorio de accidentes causados por vehículos motorizados de los vehículos involucrados en el accidente: nombre de la compañía aseguradora, número del certificado de la póliza y su vigencia y nombre del tomador.

Ley N° 18.290
Art. 185
D.O. 07.02.1984

Ley N° 19.495
Art. 1° N° 38
D.O. 08.03.1997

Ley N° 20.068

Art. 1° N° 74 b)
D.O. 10.12.2005

Ley N° 18.490
Art. 40 N° 4
D.O. 04.01.1986

Artículo 179.- Se crearán en Carabineros de Chile, Unidades Técnicas de Investigación de Accidentes de Tránsito, en aquellos lugares que la Dirección de esa Institución estime necesario.

Ley N° 18.290
Art. 186
D.O. 07.02.1984

A dichas unidades les corresponderá practicar indagaciones, recoger los datos y elementos de prueba relativas a las causas y circunstancias del accidente y emitir un informe técnico sobre ellas, el que será enviado de oficio al Tribunal que corresponda.

Ley N° 18.290
Art. 186
D.O. 07.02.1984

Las constancias relativas a accidentes de tránsito serán siempre públicas. Las denuncias e informes técnicos serán públicos en el Tribunal.

Ley N° 20.068
Art. 1° N° 75
D.O. 10.12.2005

Artículo 180.- Los conductores y peatones que hayan tenido intervención en un accidente del tránsito, deberán facilitar las investigaciones, inspecciones y estudios que estime necesario realizar en los vehículos y las personas, la Unidad Técnica de Investigaciones de Accidentes de Tránsito de Carabineros.

Igual obligación recaerá en el dueño, representante legal o encargado de un garaje o taller de reparaciones de automóviles al que se llevara un vehículo motorizado que haya participado en un accidente, quien deberá dar cuenta a la unidad o destacamento de Carabineros más próximo, dentro de las veinticuatro horas de haber recibido el vehículo, en los formularios y con las indicaciones que señale el reglamento. El no cumplimiento de esta obligación hará incurrir al infractor en una multa de tres a veinte unidades tributarias mensuales.

Ley N° 18.290
Art. 187
D.O. 07.02.1984

Ley N° 18.290
Art. 187
D.O. 07.02.1984

Ley N° 20.068
Art. 1° N° 76
D.O. 10.12.2005

Artículo 181.- Los informes que emita la Unidad Técnica de Investigaciones de Accidentes del Tránsito de Carabineros serán elaborados, a lo menos, por uno de los oficiales que practicaron la respectiva investigación y deberán ser suscritos por éste y, además, por un oficial graduado en el Instituto Superior de Carabineros.

Estos informes serán estimados por el juez como una presunción fundada respecto de los hechos que afirmen y de las conclusiones técnicas que establezcan. Sin embargo, su concordancia con los demás hechos establecidos en el proceso o con otras pruebas o elementos de convicción que él ofrezca, apreciada de conformidad con las reglas de la sana crítica, permitirá al juez atribuirle el mérito de plena prueba.

Ley Nº 18.290
Art. 188
D.O. 07.02.1984

El Juez, de oficio o a petición de parte, podrá decretar que se cite a los informantes para interrogarlos o contrainterrogarlos.

Los jueces estarán siempre facultados para decretar, además, que se practique informe pericial sobre las materias técnicas de que traten los informes a que se refiere el inciso primero.

Artículo 182.- Carabineros podrá someter a cualquier conductor a una prueba respiratoria o de otra naturaleza destinada a detectar la presencia de alcohol en el organismo o acreditar el hecho de conducir bajo la influencia de estupefacientes o sustancias sicotrópicas.

Carabineros, asimismo, podrá practicar estos exámenes a toda persona respecto de la cual tema fundadamente que se apresta a conducir un vehículo en lugar público y que presente signos externos de no estar en plenitud de facultades para ello. Si la prueba resulta positiva, Carabineros deberá prohibirle la conducción del vehículo por un plazo no superior a 3 horas, en caso de encontrarse bajo la influencia del alcohol, ni de 12 horas, en caso de encontrarse en estado de ebriedad o bajo la influencia de sustancias estupefacientes o sicotrópicas. Durante el período de tiempo que fije Carabineros, el afectado podrá ser conducido a la Unidad Policial respectiva, a menos que se allane a inmovilizar el vehículo por el tiempo que fije Carabineros o señale a otra persona que, haciéndose responsable, se haga cargo de la conducción durante dicho plazo. Esta disposición se aplicará sin perjuicio de las demás medidas o sanciones previstas en las leyes.

Ley Nº 18.290
Art. 189
D.O. 07.02.1984

Ley Nº 19.495
Art. 1º Nº 39
D.O. 08.03.1997

En el caso que la persona se apreste a conducir bajo la influencia del alcohol, en estado de ebriedad o bajo la influencia de sustancias estupefacientes o sicotrópicas, el juez aplicará la sanción indicada en el artículo 193 ó 196, disminuida o en grado de tentativa, según corresponda.

Ley Nº 18.290
Art. 189
D.O. 07.02.1984

Ley Nº 19.495
Art. 1º Nº 39
D.O. 08.03.1997

Ley Nº 20.068
Art. 1º Nº 77
D.O. 10.12.2005

Ley N° 18.290
Art. 189
D.O. 07.02.1984

Ley N° 20.068
Art. 1° N° 77
D.O. 10.12.2005

Artículo 183.- Carabineros podrá someter a cualquier conductor a una prueba respiratoria evidencial u otra prueba científica, a fin de acreditar la presencia de alcohol en el organismo y su dosificación, o el hecho de encontrarse la persona conduciendo bajo la influencia del alcohol o de estupefacientes o sustancias sicotrópicas o en estado de ebriedad.

Ley 20580
Art. 1 N° 4
D.O. 15.03.2012

Con el objeto de garantizar la precisión de la prueba que se practique, ésta deberá ser realizada con instrumentos certificados por el Ministerio de Transportes y Telecomunicaciones, conforme a las características técnicas que defina el reglamento, distinguiendo entre aquellos que son capaces de detectar la conducción bajo la influencia del alcohol de los otros. En caso que en el momento de efectuarse el procedimiento de fiscalización no se encuentre disponible el instrumento para realizar la prueba, Carabineros podrá llevar al conductor a la Comisaría más cercana que cuente con dicho equipo, o podrá disponer que se realice un examen, de acuerdo a lo dispuesto en los incisos siguientes.

Cuando fuere necesario someter a una persona a un examen científico para determinar la dosificación del alcohol en la sangre o en el organismo, los exámenes podrán practicarse en cualquier establecimiento de salud habilitado por el Servicio Médico Legal, de conformidad a las instrucciones generales que imparta dicho Servicio. El responsable del establecimiento arbitrará todas las medidas necesarias para que dichos exámenes se efectúen en forma expedita y para que los funcionarios de Carabineros empleen el menor tiempo posible en la custodia de los imputados que requieran la práctica de los mismos.

Sin perjuicio de lo dispuesto en el artículo anterior, el conductor y el peatón que hayan tenido participación en un accidente de tránsito del que resulten lesionados o muertos serán sometidos a una prueba respiratoria o de otra naturaleza destinada a establecer la presencia de alcohol o de sustancias estupefacientes o sicotrópicas en sus cuerpos. En esos casos, los funcionarios de Carabineros deberán practicar al conductor y peatón las pruebas respectivas y, de carecer en el lugar de los elementos técnicos necesarios para ello, o de proceder la práctica de la alcoholemia, los llevarán de inmediato al establecimiento de salud más próximo. Se aplicarán al efecto las reglas del inciso precedente.

Ley N° 18.290
Art. 190
D.O. 07.02.1984

Ley N° 19.925
Art. TERCERO N° 6
D.O. 19.01.2004

INCISO SUPRIMIDO

Ley N° 18.290
Art. 190
D.O. 07.02.1984

Ley Nº 19.925
Art. TERCERO Nº 6
D.O. 19.01.2004

Ley 20770
Art. 1 Nº 2
D.O. 16.09.2014

Ley Nº 18.290
Art. 190
D.O. 07.02.1984

Ley Nº 19.925
Art. TERCERO Nº 6
D.O. 19.01.2004

Artículo 184.- El conductor que sin haber participado en el accidente, recogiere a los lesionados y los llevare, por iniciativa propia, a una Posta de Auxilios, dejará en ésta los datos de su individualización que consten en la licencia de conductor o en su cédula de identidad. En su defecto, concurrirá a hacer esta declaración a la unidad de policía más próxima. La Posta o Carabineros en su caso, evacuarán en el menor tiempo posible esta diligencia para evitar mayores molestias al referido conductor.

Ley Nº 18.290
Art. 191
D.O. 07.02.1984

Ley Nº 20.068
Art. 1º Nº 78
D.O. 10.12.2005

Artículo 185.- Toda persona estará obligada, en la vía pública, a cumplir en forma inmediata cualquier orden, indicación o señal de Carabineros relativas al tránsito, sin que pueda discutirla, desobedecerla o entorpecer su cumplimiento.

Ley Nº 18.290
Art. 192
D.O. 07.02.1984

Ley Nº 18.290
Art. 192
D.O. 07.02.1984

Ley Nº 19.495
Art. 1º Nº 41
D.O. 08.03.1997

Artículo 186.- El personal uniformado de Carabineros de Chile tendrá libre acceso y transporte en los vehículos de locomoción colectiva.

Ley Nº 18.290
Art. 193
D.O. 07.02.1984

Artículo 187.- En los casos de incendio, siniestro y cualquiera emergencia de tránsito, Carabineros podrá adoptar las medidas de seguridad necesarias para enfrentar la emergencia y prevenir daños.

Ley Nº 18.290

Art. 194
D.O. 07.02.1984

Artículo 188.- Carabineros de Chile o Inspectores Municipales tomarán nota de todo desperfecto en calzadas y aceras o en las instalaciones de servicios de utilidad pública que constaten en ellas, a fin de comunicarlo a la repartición o empresa correspondiente para que sea subsanado, bajo apercibimiento de denunciarlo al Juzgado de Policía Local correspondiente.

Ley Nº 18.290
Art. 195
D.O. 07.02.1984

Artículo 189.- Las Municipalidades proporcionarán a Carabineros de Chile formularios de denuncias, boletas de recibos de contraventores y de especies retenidas, precisando el tipo de vehículo involucrado.

Ley 21088
Art. 1 Nº 30
D.O. 10.05.2018

Ley Nº 18.290
Art. 196
D.O. 07.02.1984

TÍTULO XVII
DE LOS DELITOS, CUASIDELITOS Y DE LA CONDUCCIÓN BAJO LA INFLUENCIA DEL ALCOHOL, EN ESTADO DE EBRIEDAD O BAJO LA INFLUENCIA DE SUSTANCIAS ESTUPEFACIENTES O SICOTRÓPICAS
(ARTS. 190 - 208)

§ 1. DE LOS DELITOS Y CUASIDELITOS
(ARTS. 190 - 198)

Artículo 190.- Será castigado con presidio menor en su grado máximo a presidio mayor en su grado mínimo y las penas accesorias que correspondan el empleado público que abusando de su oficio:

a) Otorgue indebidamente una licencia de conductor o boleta de citación o un permiso provisorio de conducir o cualquier certificado o documento que permita obtenerlos;

Ley Nº 18.290
Art. 196 A
D.O. 07.02.1984

Ley Nº 19.495
Art. 1º Nº 42 C
D.O. 08.03.1997

b) Otorgue falsamente certificados que permitan obtener una licencia de conductor;

c) Cometiere alguna de las falsedades descritas en el artículo 193 del Código Penal en las inscripciones a que se refieren los artículos 39, 41 y 45 de esta ley, en la certificación de ellas, o en el otorgamiento del padrón, y

d) Infrinja las normas que la ley establece para el otorgamiento de placa patente.

Artículo 191.- El que instale señales de tránsito o barreras sin estar facultado para ello, salvo en caso de siniestro o accidente, será penado con multa de ocho a dieciséis unidades tributarias mensuales, además del comiso de las especies. Se presumirá como autor de esta infracción a la persona natural o jurídica beneficiada con la infracción.

Ley N° 18.290
Art. 196 A 1
D.O. 07.02.1984

Ley N° 20.068
Art. 1° N° 80
D.O. 10.12.2005

Artículo 192.- Será castigado con presidio menor en su grado medio a máximo y, en su caso, con la suspensión de la licencia de conductor o inhabilidad para obtenerla, hasta por 5 años, y multa de 50 a 100 unidades tributarias mensuales, el que:

Ley 20580
Art. 1 N° 5
D.O. 15.03.2012

a) Falsifique una licencia de conductor, boleta de citación, o un permiso provisorio o cualquier certificado o documento requerido por esta ley para obtenerlos;

Ley N° 18.290
Art. 196 B
D.O. 07.02.1984

Ley N° 19.495
Art. 1° N° 42 C
D.O. 08.03.1997

Ley N° 20.068
Art. 1° N° 81 a)
D.O. 10.12.2005

b) Conduzca, a sabiendas, con una licencia de conductor, boleta de citación o permiso provisorio judicial para conducir, falsos u obtenidos en contravención a esta ley o pertenecientes a otra persona;

Ley N° 18.290
Art. 196 B
D.O. 07.02.1984

Ley N° 19.495
Art. 1° N° 42 C
D.O. 08.03.1997

c) Presente, a sabiendas, certificados falsos para obtener licencia de conductor;

Ley N° 18.290
Art. 196 B
D.O. 07.02.1984

Ley N° 19.495
Art. 1° N° 42 C
D.O. 08.03.1997

d) Obtenga una licencia de conductor, sin cumplir con los requisitos legales para ello, mediante soborno, dádivas, uso de influencias indebidas o amenaza;

Ley 21601
Art. 1° N° 6 a)

D.O. 11.09.2023

e) Conduzca, a sabiendas, un vehículo con placa patente falsa, alterada o que corresponda a otro vehículo, cuando ésta sea exigible conforme con lo dispuesto en el artículo 51;

Ley Nº 18.290
Art. 196 B
D.O. 07.02.1984

Ley Nº 19.495
Art. 1º Nº 42 C
D.O. 08.03.1997

f) Certifique, indebida o falsamente, conocimientos, habilidades, prácticas de conducción o realización de cursos de conducir que permitan obtener una licencia de conductor;

Ley Nº 18.290
Art. 196 B
D.O. 07.02.1984

Ley Nº 19.495
Art. 1º Nº 42 C
D.O. 08.03.1997

g) Otorgue un certificado de revisión técnica sin haber practicado realmente la revisión o que contenga afirmaciones de hechos relevantes contrarios a la verdad; detente formularios para extenderlos, sin tener título para ello; falsifique un certificado de revisión técnica o de emisión de gases, permiso de circulación o certificado de seguro obligatorio;

Ley Nº 18.290
Art. 196 B
D.O. 07.02.1984

Ley Nº 19.495
Art. 1º Nº 42 C
D.O. 08.03.1997

Ley Nº 20.068
Art. 1º Nº 81 b)
D.O. 10.12.2005

h) Conduzca, a sabiendas, un vehículo motorizado con el número de chasis adulterado o borrado, e

Ley 21601
Art. 1° N° 6 b)
D.O. 11.09.2023

i) Adultere o borre el número de chasis de un vehículo motorizado.

Ley 21170
Art. 2 N° 3, a y b)
D.O. 26.07.2019

j) Adquiera o solicite para sí o para otro, personalmente o por interpósita persona, la inscripción de un vehículo motorizado, a sabiendas que el número de chasis o número de identificación del vehículo (VIN) esté adulterado o borrado, sea falso o no corresponda al declarado en el documento o que corresponda al de otro vehículo.

Ley Nº 18.290

Art. 196 B
D.O. 07.02.1984

Ley Nº 19.495
Art. 1º Nº 42 C
D.O. 08.03.1997

Ley Nº 20.068
Art. 1º Nº 81 c)
D.O. 10.12.2005

k) Conduzca un vehículo motorizado, a sabiendas, con el número de identificación del vehículo (VIN) o de motor adulterado o borrado; o corresponda al de otro vehículo, y el que adultere o borre el número de identificación del vehículo (VIN) o de su motor.

Ley Nº 20.068
Art. 1º Nº 81 e)
D.O. 10.12.2005

El que adultere un certificado de revisión técnica o de emisión de gases, permiso de circulación o certificado de seguro obligatorio o utilice a sabiendas uno falsificado o adulterado, será sancionado con la pena señalada en el artículo 490, Nº 2, del Código Penal.

Las penas señaladas en este artículo se aplicarán también al responsable de la circulación de un vehículo con permiso de circulación, certificado de seguro automotor o certificado de revisión técnica falsos, adulterados u obtenidos en contravención de esta ley o utilizando una placa patente falsa, adulterada o que correspondiere a otro vehículo.

Ley Nº 18.290
Art. 196 B
D.O. 07.02.1984

Ley Nº 19.495
Art. 1º Nº 42 C
D.O. 08.03.1997

Ley Nº 20.068
Art. 1º Nº 81 d)
D.O. 10.12.2005

Artículo 192 bis.- El que encargue o realice, mediante vehículos motorizados, no motorizados o a tracción animal, el transporte, traslado o depósito de basuras, desechos o residuos de cualquier tipo, hacia o en la vía pública, sitios eriazos, en vertederos o depósitos clandestinos o ilegales, o en los bienes nacionales de uso público, será sancionado en la siguiente forma:

Ley 20879
Art. ÚNICO
D.O. 25.11.2015

Con multa de 2 a 100 unidades tributarias mensuales a quien encargue el traslado o depósito, siempre que cualquiera de ellos se haya ejecutado. La misma sanción se aplicará al propietario del vehículo motorizado con el cual se realice el transporte, traslado o depósito, salvo que acredite que el vehículo fue tomado sin su conocimiento o sin su autorización expresa o tácita;

Con multa de 2 a 50 unidades tributarias mensuales a quien realice el depósito o el traslado conduciendo vehículos motorizados. Adicionalmente, se sancionará con la suspensión de la licencia de conducir e inhabilidad para obtenerla hasta por dos años;

Con multa de 0,2 a 1 unidad tributaria mensual y el retiro del carretón y los aperos a quien conduzca un vehículo a tracción animal. El animal será entregado a quien conducía el vehículo;

Con la misma multa anterior y el retiro del vehículo a tracción manual a quien lo conduzca o a quien realice el traslado en vehículo no motorizado, y

Con una multa de 20 a 150 unidades tributarias mensuales, si se encarga o realiza el transporte, traslado o depósito de desechos tóxicos, peligrosos o infecciosos, en cualquier tipo de vehículo. Adicionalmente, será castigado con presidio menor en su grado medio y con la suspensión de la licencia de conducir e inhabilidad para obtenerla hasta por dos años.

A los reincidentes de las conductas descritas anteriormente, se les impondrá como mínimo el doble de la multa establecida como base para cada conducta. Adicionalmente, en los casos que corresponda, se suspenderá nuevamente la licencia de conducir, al menos, por un mínimo de seis meses y hasta dos años.

Los vehículos y especies que se encuentren en las situaciones descritas serán retirados de circulación por Carabineros de Chile, poniéndolos a disposición del tribunal competente en los lugares contemplados por las municipalidades para tal efecto, aplicándose al infractor lo dispuesto en los incisos segundo y tercero del artículo 156 de esta ley.

La municipalidad de la comuna en donde transita el vehículo que sea retirado de circulación, por sí o a través de terceros, deberá descargar la basura, desechos o residuos y los trasladará hasta los rellenos sanitarios autorizados. El infractor, sea éste el propietario del vehículo, motorizado o no motorizado, el que encargue o realice, deberá pagar la multa correspondiente y los costos asociados al traslado y disposición de la basura, desechos o residuos en que incurra la municipalidad. El vehículo que sea retirado de circulación en conformidad con el inciso precedente sólo será devuelto al propietario contra entrega del comprobante de pago de las multas respectivas y de los costos asociados al traslado y disposición de la basura, desechos o residuos.

El transporte de los elementos indicados en los incisos anteriores se regirá, en lo referente a los horarios, vías y demás reglas de tránsito que regulen dicho traslado, por lo dispuesto en la ordenanza municipal correspondiente a la comuna en donde aquéllos son generados.

Ley 21161
Art. único N° 1
D.O. 30.05.2019

No obstante lo preceptuado en el inciso anterior, con el objetivo de poder verificar si el depósito de dichos elementos se realizará en un establecimiento habilitado para ello, a los transportistas de carga sólo se les exigirá que cuenten con el documento tributario pertinente que acredite el origen y destino de su recorrido.

Ley 21161
Art. único N° 2
D.O. 30.05.2019

Asimismo, en el caso de las instituciones del Estado y municipalidades, ellas deberán exigir a los vehículos recolectores de residuos domiciliarios y de residuos sólidos inertes la respectiva autorización del director del área de la institución que dé cuenta de la existencia del contrato de disposición final en el cual se indique que el destino último de los desechos será un relleno sanitario o un vertedero legalmente autorizado.

Lo dispuesto en este artículo no regirá para el caso del retiro de residuos sanitarios u otros que requieran de una autorización o permiso especial, o cuyo transporte esté sujeto a una regulación específica.

Ley 21161
Art. único N° 3
D.O. 30.05.2019

Artículo 192 ter.- El transporte y retiro de escombros en contenedores o sacos se realizará cubriendo la carga de forma que se impida el esparcimiento, dispersión de materiales o polvo durante su traslado y que éstos se caigan de sus respectivos transportes. El que efectúe el transporte sin adoptar las medidas indicadas deberá pagar una multa de hasta 3 unidades tributarias mensuales.

Ley 20879
Art. ÚNICO
D.O. 25.11.2015

En todo caso, la persona natural o jurídica que cuente con la autorización para trasladar escombros deberá comunicar por escrito a la municipalidad cuál será la cantidad de metros cúbicos de escombros que se depositarán, su naturaleza y composición, el modo y los medios a emplear en el retiro, el transporte de los mismos y su lugar de destino.

Artículo 192 quáter.- Cualquier persona que sorprenda o detecte las conductas descritas en los artículos 192 bis o 192 ter podrá poner en conocimiento de este hecho a las municipalidades, a Carabineros de Chile o a la autoridad sanitaria, quienes remitirán los antecedentes al Ministerio Público o a los tribunales competentes, según corresponda. Las personas podrán acompañar fotografías, filmaciones u otros medios de prueba que acrediten el lugar, la patente del vehículo o el día en que sucedieron los hechos.

Ley 20879
Art. ÚNICO
D.O. 25.11.2015

Artículo 193.- El que, infringiendo la prohibición establecida en el inciso segundo del artículo 110, conduzca, opere o desempeñe las funciones bajo la influencia del alcohol, será sancionado con multa de una a cinco unidades tributarias mensuales y la suspensión de la licencia de conducir por tres meses. Si a consecuencia de esa conducción, operación o desempeño, se causaren daños materiales o lesiones leves, será sancionado con una multa de una a cinco unidades tributarias mensuales y la suspensión de la licencia de conducir por seis meses. Se reputarán leves, para estos efectos, todas las lesiones que produzcan al ofendido enfermedad o incapacidad por un tiempo no mayor a siete días.

Ley 20580
Art. 1 N° 6 a)
D.O. 15.03.2012

Si, a consecuencia de esa conducción, operación o desempeño, se causaren lesiones menos graves, se impondrá la pena de prisión en su grado mínimo o multa de cuatro a diez unidades tributarias mensuales y la suspensión de la licencia de conducir por nueve meses.

Ley 20580
Art. 1 N° 6 b)
D.O. 15.03.2012

Si se causaren lesiones graves, la pena asignada será aquélla señalada en el artículo 490, N° 2, del Código Penal y la suspensión de la licencia de conducir de dieciocho a treinta y seis meses.

Ley 20580
Art. 1 N° 6 c)

D.O. 15.03.2012

Si se causaren algunas de las lesiones indicadas en el artículo 397, N° 1, del Código Penal o la muerte, se impondrá la pena de reclusión menor en su grado máximo, multa de veintiuno a treinta unidades tributarias mensuales y la suspensión de la licencia para conducir por el plazo que determine el juez, el que no podrá ser inferior a treinta y seis ni superior a sesenta meses.

INCISO ELIMINADO

Ley 20580
Art. 1 N° 6 d)
D.O. 15.03.2012

En caso de reincidencia el infractor sufrirá, además de la pena que le corresponda, la suspensión de la licencia para conducir por el tiempo que estime el juez, el que no podrá ser inferior a cuarenta y ocho ni superior a setenta y dos meses.

Ley 20580
Art. 1 N° 6 e)
D.O. 15.03.2012

Las penas de multas de este artículo podrán siempre ser reemplazadas, a voluntad del infractor, por trabajos a favor de la comunidad y la asistencia a charlas sobre la conducción bajo los efectos del alcohol o estupefacientes, las que serán impartidas por el respectivo municipio.

Ley 20580
Art. 1 N° 6 f)
D.O. 15.03.2012

Ley 20580
Art. 1 N° 6 g)
D.O. 15.03.2012

Artículo 194.- El que sin tener la licencia de conducir requerida, maneje un vehículo para cuya conducción se requiera una licencia profesional determinada, será castigado con presidio menor en su grado mínimo a medio.

El que, a cualquier título que sea, explote un vehículo de transporte público de pasajeros, de taxi, de transporte remunerado de escolares o de carga y, contrate, autorice o permita en cualquier forma que dicho vehículo sea conducido por quien carezca de la licencia de conducir requerida o que, teniéndola, esté suspendida o cancelada, será sancionado con multa de cinco a diez unidades tributarias mensuales.

Ley N° 18.290
Art. 196 D
D.O. 07.02.1984

Ley N° 19.495
Art. 1° N° 42 E
D.O. 08.03.1997

Ley N° 18.290
Art. 196 D
D.O. 07.02.1984

Ley N° 19.495
Art. 1° N° 42 E
D.O. 08.03.1997

Ley N° 20.068

Art. 1° N° 83
D.O. 10.12.2005

Artículo 195.- El incumplimiento de la obligación de dar cuenta a la autoridad de todo accidente en que sólo se produzcan daños, señalada en el artículo 168, será sancionado con multa de tres a siete unidades tributarias mensuales y con la suspensión de la licencia hasta por un mes.

Ley 20770
Art. 1 N° 3
D.O. 16.09.2014

El incumplimiento de la obligación de detener la marcha, prestar la ayuda posible y dar cuenta a la autoridad de todo accidente en que se produzcan lesiones, señalada en el artículo 176, se sancionará con la pena de presidio menor en su grado medio, inhabilidad perpetua para conducir vehículos de tracción mecánica y multa de siete a diez unidades tributarias mensuales.

Si en el caso previsto en el inciso anterior las lesiones producidas fuesen de las señaladas en el número 1° del artículo 397 del Código Penal o se produjese la muerte de alguna persona, el responsable será castigado con la pena de presidio menor en su grado máximo, inhabilidad perpetua para conducir vehículos de tracción mecánica, multa de once a veinte unidades tributarias mensuales y con el comiso del vehículo con que se ha cometido el delito, sin perjuicio de los derechos del tercero propietario, que podrá hacer valer conforme a las reglas generales del Código Procesal Penal. Para los efectos de determinar la pena prevista en este inciso, será aplicable lo dispuesto en los artículos 196 bis y 196 ter de esta ley.

Las penas previstas en este artículo se impondrán al conductor conjuntamente con las que le correspondan por la responsabilidad que le pueda caber en el respectivo delito o cuasidelito, de conformidad con lo dispuesto en el artículo 74 del Código Penal.

Artículo 195 bis.- La negativa injustificada de un conductor a someterse a las pruebas respiratorias u otros exámenes científicos destinados a establecer la presencia de alcohol o de sustancias estupefacientes o psicotrópicas en el cuerpo, previstos en el artículo 182, será sancionada con multa de tres a diez unidades tributarias mensuales y con la suspensión de su licencia hasta por un mes.

Ley 20770
Art. 1 N° 4
D.O. 16.09.2014

En caso de accidentes que produzcan lesiones de las comprendidas en el número 1° del artículo 397 del Código Penal o la muerte de alguna persona, la negativa injustificada del conductor que hubiese intervenido en ellos a someterse a las pruebas respiratorias evidenciales o a los exámenes científicos señalados en el artículo 183 de esta ley para determinar la dosificación de alcohol en la sangre o la presencia de drogas estupefacientes o sicotrópicas, o la realización de cualquier maniobra que altere sus resultados, o la dilación de su práctica con ese mismo efecto, serán castigadas con la pena de presidio menor en su grado máximo, multa de once a veinte unidades tributarias mensuales, inhabilidad perpetua para conducir vehículos de tracción mecánica y comiso del vehículo con que se ha cometido el delito, sin perjuicio de los derechos del tercero propietario, que podrá hacer valer conforme a las reglas generales del Código Procesal Penal. Para los efectos de determinar la pena prevista en este inciso, será aplicable lo dispuesto en los artículos 196 bis y 196 ter de esta ley.

La pena prevista en el inciso anterior se impondrá al conductor conjuntamente con la que le corresponda por la responsabilidad que le pueda caber en el respectivo delito o cuasidelito, de conformidad con lo dispuesto en el artículo 74 del Código Penal.

Artículo 196.- El que infrinja la prohibición establecida en el inciso segundo del artículo 110, cuando la conducción, operación o desempeño fueren ejecutados en estado de ebriedad, o bajo la influencia de sustancias estupefacientes o sicotrópicas, será sancionado con la pena de presidio menor en su grado mínimo y multa de dos a diez unidades tributarias mensuales, además de la suspensión de la licencia para conducir vehículos motorizados por el término de dos años, si fuese sorprendido en una primera ocasión, la suspensión por el término de cinco años, si es sorprendido en un segundo evento y, finalmente, con la cancelación de la licencia al ser sorprendido en una tercera ocasión, ya sea que no se ocasione daño alguno, o que con ello se causen daños materiales o lesiones leves. Se reputarán leves, para estos efectos, todas las lesiones que produzcan al ofendido enfermedad o incapacidad por un tiempo no mayor de siete días.

Ley 20580
Art. 1 N° 7 a)
D.O. 15.03.2012

Si, a consecuencia de esa conducción, operación o desempeño, se causaren lesiones graves o menos graves, se impondrá la pena de presidio menor en su grado medio y multa de cuatro a doce unidades tributarias mensuales, además de la suspensión de la licencia de conducir por el término de treinta y seis meses en el caso de producirse lesiones menos graves, y de cinco años en el caso de lesiones graves. En caso de reincidencia, el juez deberá decretar la cancelación de la licencia.

Ley N° 18.290
Art. 196 E
D.O. 07.02.1984

Ley N° 19.925
Art. TERCERO N° 8
D.O. 19.01.2004

Si se causare alguna de las lesiones indicadas en el número 1° del artículo 397 del Código Penal o la muerte de alguna persona, se impondrán las penas de presidio menor en su grado máximo, en el primer caso, y de presidio menor en su grado máximo a presidio mayor en su grado mínimo, en el segundo. En ambos casos, se aplicarán también las penas de multa de ocho a veinte unidades tributarias mensuales, de inhabilidad perpetua para conducir vehículos de tracción mecánica y el comiso del vehículo con que se ha cometido el delito, sin perjuicio de los derechos del tercero propietario, que podrá hacer valer conforme a las reglas generales del Código Procesal Penal.

Ley 20580
Art. 1 N° 7 b)
D.O. 15.03.2012

Ley 20770
Art. 1 N° 5
D.O. 16.09.2014

Al autor del delito previsto en el inciso precedente se le impondrá el máximum o el grado máximo de la pena corporal allí señalada, según el caso, conjuntamente con las penas de multa, inhabilidad perpetua para conducir vehículos motorizados y comiso que se indican, si concurriere alguna de las circunstancias siguientes:

1.- Si el responsable hubiese sido condenado anteriormente por alguno de los delitos previstos en este artículo, salvo que a la fecha de comisión del delito hubieren transcurrido los plazos establecidos en el artículo 104 del Código Penal respecto del hecho que motiva la condena anterior.

2.- Si el delito hubiese sido cometido por un conductor cuya profesión u oficio consista en el transporte de personas o bienes y hubiere actuado en el ejercicio de sus funciones.

3.- Si el responsable condujere el vehículo con su licencia de conducir cancelada, o si ha sido inhabilitado a perpetuidad para conducir vehículos motorizados.

Artículo 196 bis.- Para determinar la pena en los casos previstos en los incisos tercero y cuarto del artículo 196, el tribunal no tomará en consideración lo dispuesto en los artículos 67, 68 y 68 bis del Código Penal y, en su lugar, aplicará las siguientes reglas:

Ley 20770
Art. 1 N° 6
D.O. 16.09.2014

1.- Si no concurren circunstancias atenuantes ni agravantes en el hecho, el tribunal podrá recorrer toda la extensión de la pena señalada por la ley al aplicarla.

2.- Si, tratándose del delito previsto en el inciso tercero del artículo 196, concurren una o más circunstancias atenuantes y ninguna agravante, el tribunal impondrá la pena de presidio menor en su grado máximo. Si concurren una o más agravantes y ninguna atenuante, aplicará la pena de presidio mayor en su grado mínimo.

3.- Si, tratándose del delito establecido en el inciso cuarto del artículo 196, concurren una o más circunstancias atenuantes y ninguna agravante, el tribunal impondrá la pena en su grado mínimo. Si concurren una o más agravantes y ninguna atenuante, la impondrá en su grado máximo. Para determinar en tales casos el mínimo y el máximo de la pena, se dividirá por mitad el período de su duración: la más alta de estas partes formará el máximo y la más baja el mínimo.

4.- Si concurren circunstancias atenuantes y agravantes, se hará su compensación racional para la aplicación de la pena, graduando el valor de unas y otras.

5.- El tribunal no podrá imponer una pena que sea mayor o menor al marco fijado por la ley. Con todo, podrá imponerse la pena inferior en un grado si, tratándose de la eximente del número 11 del artículo 10 del Código Penal, concurriere la mayor parte de sus requisitos, pero el hecho no pudiese entenderse exento de pena.

Artículo 196 ter.- Respecto del delito previsto en el inciso tercero del artículo 196, será aplicable lo previsto en la ley N° 18.216, conforme a las reglas generales. Sin embargo, la ejecución de la respectiva pena sustitutiva quedará en suspenso por un año, tiempo durante el cual el condenado deberá cumplir en forma efectiva la pena privativa de libertad a la que fuere condenado.

Ley 20770
Art. 1 N° 7
D.O. 16.09.2014

Con todo, no se aplicará en estas situaciones lo dispuesto en el artículo 38 de dicha ley y en ningún caso la sustitución de la pena privativa de libertad implicará la sustitución o suspensión del cumplimiento de las multas, comiso e inhabilitaciones impuestas.

Artículo 196 quáter.- Será sancionado con la pena de presidio menor en cualquiera de sus grados y multa de once a quince unidades tributarias mensuales, el que falsificare cualquier instrumento o dispositivo de pago de tarifa, de acreditación de dicho pago y,o de rebaja tarifaria u otros beneficios, que permita acceder a los servicios de transporte público remunerado de pasajeros.

Ley 21083
Art. 1 N° 5
D.O. 05.04.2018

Para estos efectos, se entenderá especialmente que comete falsificación el que:

1°. Modifique o altere cualquier dato de fabricación del medio de pago.

2°. Altere las fechas verdaderas.

3°. Haga en un documento verdadero cualquiera alteración o intercalación que varíe su sentido.

4°. Dé copia en forma fehaciente de un documento supuesto, o manifestando en ella cosa contraria o diferente de la que contenga el verdadero original.

5°. Copie, parcial o totalmente, la información de los datos contenidos en el medio de acceso, sin estar debidamente facultado para ello.

Al autor del delito previsto en este artículo se le impondrá el grado máximo de la pena corporal señalada, según el caso, cuando concurra alguna de las circunstancias siguientes:

a) Cuando se falsifiquen instrumentos o dispositivos para uso masivo.

b) Cuando se trate de un empleado público, que comete falsificación abusando de su oficio.

Artículo 196 quinquies.- Se entenderá que comete falsificación el que maliciosamente hiciere uso de un instrumento o dispositivo falsificado para acceder a los servicios de transporte público remunerado de pasajeros. El que incurra en esta conducta será sancionado con la pena establecida en el artículo precedente.

Ley 21083
Art. 1 N° 5
D.O. 05.04.2018

Artículo 196 sexies.- Será sancionado con la pena agravada del artículo 196 quáter el que comercialice o distribuya los referidos instrumentos o dispositivos falsificados.

Ley 21083
Art. 1 N° 5
D.O. 05.04.2018

Artículo 196 septies.- Será sancionado con la pena de presidio menor en su grado mínimo a medio y con multa de diez a cincuenta unidades tributarias mensuales, según las circunstancias:

Ley 21083
Art. 1 N° 5
D.O. 05.04.2018

a) El que indebidamente se apodere, comercialice, encargue, exporte, transmita, importe o distribuya la información contenida en un medio tecnológico de acceso a los servicios de transporte público remunerado de pasajeros.

b) El que indebidamente y de cualquier modo altere, modifique, dañe o destruya los datos contenidos en un medio tecnológico de acceso a los servicios de transporte público remunerado de pasajeros en perjuicio del Sistema de Transporte Público remunerado de pasajeros.

Para los efectos de este artículo, se entenderá por medios tecnológicos de acceso a los servicios de transporte público remunerado de pasajeros, aquellos elementos o dispositivos tecnológicos autorizados por el Ministerio de Transportes y Telecomunicaciones o la autoridad competente, que permitan acceder a los servicios de transporte público remunerado de pasajeros y pagar la tarifa correspondiente.

Las penas establecidas en este artículo se aumentarán en un grado si quien incurre en las conductas:

1° Las realiza maliciosamente, siendo responsable de la información con ocasión del ejercicio de su oficio.

2° Las realiza sobre datos del sistema de información relativos a medios de acceso a los servicios de transporte público remunerado de pasajeros y pago de la tarifa correspondiente, contenidos en el sistema de tratamiento de información de dichos servicios.

Artículo 196 octies.- El que lesione, en razón del ejercicio de sus funciones a un inspector fiscal del Ministerio de Transportes y Telecomunicaciones, al personal de la Empresa de los Ferrocarriles del Estado y sus filiales, o de Metro S.A., que realicen servicios de fiscalización, o a quienes sean contratados por empresas operadoras de servicios de transporte público para realizar labores de verificación de pago de tarifa, será sancionado con la pena asignada al delito correspondiente, aumentada en un grado.

Ley 21083
Art. 1 N° 5
D.O. 05.04.2018

Asimismo, el que amenace a las personas señaladas en el inciso anterior, en los términos de los artículos 296 o 297 del Código Penal, en razón del ejercicio de sus funciones, será sancionado con la pena asignada al delito correspondiente, aumentada en un grado.

Artículo 197.- Para el juzgamiento de los delitos previstos en esta ley, salvo los descritos en el artículo 198, se aplicarán, según corresponda, los procedimientos establecidos en el Código Procesal Penal, con las siguientes reglas especiales:

Ley N° 18.290
Art. 196 F
D.O. 07.02.1984

Tratándose de procedimientos por faltas, el fiscal podrá solicitar la aplicación del procedimiento monitorio establecido en el artículo 392 del Código Procesal Penal, cualquiera fuera la pena cuya aplicación requiriere. Si el juez de garantía resuelve proceder en conformidad con esta norma, reducirá las penas aplicables en la proporción señalada en la letra c) del mismo artículo.

Ley N° 19.925
Art. TERCERO N° 8
D.O. 19.01.2004

Para los efectos de la aplicación del artículo 395 del Código Procesal Penal, el juez deberá informar al imputado todas las penas copulativas y accesorias que de acuerdo a la ley pudieren imponérsele, cualquiera sea su naturaleza.

Ley N° 20.149

Art. Único a)
D.O. 23.01.2007

En el caso de los delitos de conducción, operación o desempeño en estado de ebriedad o bajo la influencia de sustancias estupefacientes o sicotrópicas, el tribunal, a petición del fiscal, el querellante o la víctima, podrá decretar la medida cautelar de suspensión provisoria de la licencia de conducir desde que se realice la audiencia de control de detención, debiendo quedar constancia en la hoja de vida del conductor. El tiempo que medie entre dicha audiencia y la dictación de la sentencia se imputará a la condena.

Ley 20580
Art. 1 N° 8 a)
D.O. 15.03.2012

Asimismo, en los procedimientos por los delitos a que se refiere el inciso primero, el fiscal podrá solicitar al juez de garantía la suspensión del procedimiento, reuniéndose los requisitos establecidos en el artículo 237 del Código Procesal Penal. En tal caso, el juez podrá imponer cualquiera de las condiciones contempladas en el artículo 238 de dicho Código, debiendo siempre decretar la suspensión, cancelación o inhabilitación perpetua, conforme a lo establecido en los artículos 193 y 196, según corresponda. En estos delitos no procederá la atenuante de responsabilidad penal contenida en el artículo 11 N° 7ª del Código Penal.

Ley 20580
Art. 1 N° 8 b) 1)
D.O. 15.03.2012

Ley 20580
Art. 1 N° 8 b) 2)
D.O. 15.03.2012

Tratándose del procedimiento simplificado, la suspensión condicional del procedimiento podrá solicitarse en la audiencia que se llevare a efecto de acuerdo con el artículo 394 del Código Procesal Penal.

Si el conductor se encuentra bajo la influencia del alcohol, se procederá a cursar la denuncia correspondiente por la falta sancionada en el artículo 193.

Si del resultado de la prueba se desprende que se ha incurrido en la conducción en estado de ebriedad o bajo la influencia de sustancias estupefacientes o sicotrópicas castigadas en el artículo 196, el conductor será citado a comparecer ante la autoridad correspondiente. En los demás casos previstos en el mismo artículo, también podrá citarse al imputado si no fuera posible conducirlo inmediatamente ante el juez, y el oficial a cargo del recinto policial considerara que existen suficientes garantías de su oportuna comparecencia.

Ley N° 19.925
Art. TERCERO N° 5
D.O. 19.01.2004

Ley N° 20.068
Art. 1° N° 85
D.O. 10.12.2005

Lo establecido en el inciso anterior procederá siempre que el imputado tuviere control sobre sus actos, o lo recuperare, y se asegure que no continuará conduciendo. Para ello, la policía adoptará las medidas necesarias para informar a la familia del imputado o a las personas que él indique acerca del lugar en el que se encuentra, o bien le otorgará las facilidades para que se comunique telefónicamente con alguna de ellas, a fin de que sea conducido a su domicilio, bajo su responsabilidad. Podrá emplearse en estos casos el procedimiento señalado en el inciso final del artículo 7, en lo que resultare aplicable.

Si no concurrieren las circunstancias establecidas en los dos incisos precedentes, se mantendrá detenido al imputado para ponerlo a disposición del tribunal, el que podrá decretar la prisión preventiva cuando procediere de acuerdo con las reglas generales. Sin perjuicio de la citación al imputado, o de su detención cuando corresponda, aquél será conducido a un establecimiento hospitalario para la práctica de los exámenes a que se refiere el artículo 183.

Ley N° 18.290
Art. 196 G
D.O. 07.02.1984

Ley N° 19.925
Art. TERCERO N° 8
D.O. 19.01.2004

Las penas de suspensión, cancelación o inhabilitación perpetua para conducir vehículos a tracción mecánica o animal, no podrán ser suspendidas, ni aun cuando el juez hiciere uso de la facultad contemplada en el artículo 398 del Código Procesal Penal.

Ley N° 20.068
Art. 1° N° 86
D.O. 10.12.2005

Ley 20580
Art. 1 N° 8 c)
D.O. 15.03.2012

Artículo 197 bis.- Los jueces podrán siempre, aunque no medie condena por concurrir alguna circunstancia eximente de responsabilidad penal, decretar la inhabilidad temporal o perpetua para conducir vehículos motorizados, si las condiciones psíquicas y morales del autor lo aconsejan.

Ley 20580
Art. 1 N° 9
D.O. 15.03.2012

Artículo 197 ter.- Para los efectos de este artículo, se entenderán por carreras no autorizadas las siguientes conductas realizadas sin la autorización o permiso correspondiente por parte de la autoridad competente, con vehículos motorizados y en cualquiera de los lugares señalados en el artículo 1:

Ley 21495
Art. único N° 2
D.O. 04.10.2022

1° Carreras que se efectúen contra otros vehículos, contra reloj o cualquier otro dispositivo para medir el tiempo, para medir velocidades máximas o hasta llegar o pasar un punto, meta o destino determinado.

2° Competencia de destrezas, deslizamientos o derrapes.

3° Competencias de maniobras o de velocidad que pongan en peligro la vida o integridad física de terceras personas.

El que condujere un vehículo motorizado participando en carreras no autorizadas será sancionado con la pena de presidio menor en su grado mínimo o multa de dos a diez unidades tributarias mensuales, ya sea que no se ocasione daño alguno, o que con ello se causen daños materiales o lesiones leves. Para estos efectos se reputarán leves, aquellas que produzcan al ofendido enfermedad o incapacidad por un tiempo no mayor de siete días.

Si, a consecuencia de esta conducción, se causaren lesiones menos graves o graves, se impondrá la pena de presidio menor en su grado medio y multa de cuatro a doce unidades tributarias mensuales.

Si se causare alguna de las lesiones indicadas en el número 1° del artículo 397 del Código Penal o la muerte de alguna persona, se impondrán las penas de presidio menor en su grado máximo, en el primer caso, y de presidio menor en su grado máximo a presidio mayor en su grado mínimo, en el último. En ambos casos, se aplicarán también, además del comiso del vehículo, las penas de multa de ocho a veinte unidades tributarias mensuales y de inhabilidad perpetua para conducir vehículos de tracción mecánica.

Al autor de los delitos establecidos en los incisos segundo y tercero se le impondrá, además, la pena de comiso del vehículo con que ha cometido el delito, sin perjuicio de los derechos del tercero propietario, que podrá hacer valer conforme a las reglas generales del Código Procesal Penal; y la de suspensión de la licencia para conducir vehículos motorizados por el término de seis meses hasta dos años, si fuere sorprendido en una primera ocasión, la suspensión hasta por cinco años, si fuere sorprendido en un segundo evento y con la cancelación de la licencia al ser sorprendido en una tercera oportunidad.

Las penas dispuestas en los incisos anteriores también serán aplicables a quienes, concertados para su ejecución, faciliten vehículos motorizados para la participación en carreras clandestinas en los términos del N° 3 del artículo 15 del Código Penal.

El que organizare carreras no autorizadas será sancionado con la pena de presidio menor en su grado mínimo y multa de 8 a 20 unidades tributarias mensuales. Si con ocasión o con motivo de la ejecución de la conducta señalada en este inciso obtuviere algún beneficio económico para sí o para un tercero, se le aplicará la pena de presidio menor en su grado medio y multa de 20 unidades tributarias mensuales.

Artículo 197 quáter.- Se considerará como circunstancia atenuante especial de la responsabilidad penal para los delitos previstos en el artículo anterior, la colaboración relevante en el esclarecimiento de la participación responsable de quienes organicen, participen en la organización o conduzcan vehículos motorizados en carreras no autorizadas, pudiendo rebajarse la pena en un grado. Para tener por configurada esta circunstancia atenuante, el juez deberá corroborar la colaboración relevante con otros antecedentes de la causa penal.

Ley 21495
Art. único N° 2
D.O. 04.10.2022

La rebaja del grado deberá ser efectuada con posterioridad al cálculo de otras circunstancias atenuantes o agravantes de responsabilidad criminal.

Artículo 197 quinquies.- El que condujere un vehículo motorizado y sobrepase en 60 kilómetros por hora los límites de velocidad fijados en los artículos 145 y 146 será sancionado con la pena de prisión en su grado máximo o multa de 2 a 10 unidades tributarias mensuales; y la suspensión de la licencia para conducir vehículos motorizados por el término de seis meses hasta dos años, si fuere sorprendido en una primera ocasión; la suspensión hasta por cinco años, si fuere sorprendido en un segundo evento y con la cancelación de la licencia al ser sorprendido en una tercera oportunidad.

Ley 21495
Art. único N° 2

D.O. 04.10.2022

En caso de producirse las lesiones o muerte descritas en los incisos segundo y tercero del artículo 197 ter se aplicarán las penas privativas de libertad y pecuniarias que ese artículo establece.

Artículo 198.- El que atentare contra un vehículo motorizado, se encuentre o no en circulación, apedreándolo o arrojándole otros objetos contundentes o inflamables o por cualquier otro medio semejante, será castigado con pena de presidio menor en su grado mínimo.

Ley 21587
Art. 1°
D.O. 05.08.2023

Si a consecuencias del atentado se causare la muerte o se lesionare a alguna persona, se aplicarán las penas señaladas al delito de que se trate, aumentadas en un grado.

Si sólo se produjeren daños en las cosas, se aplicará la pena del inciso primero aumentada en un grado.

Ley N° 18.290
Art. 196 H
D.O. 07.02.1984

Ley N° 20.149
Art. Único b)
D.O. 23.01.2007

§ 2. DE LAS INFRACCIONES O CONTRAVENCIONES
(ARTS. 199 - 206)

Artículo 199.- Son infracciones o contravenciones gravísimas, las siguientes:

Ley N° 18.290
Art. 197 N° 2
D.O. 07.02.1984

1.- No detenerse ante la luz roja de las señales luminosas del tránsito, o ante la señal "PARE".

Ley N° 18.290
Art. 197 N° 4
D.O. 07.02.1984

2.- Conducir un vehículo motorizado o a tracción animal sin haber obtenido licencia de conductor, sin perjuicio de lo dispuesto en el artículo 194.

Ley 21088
Art. 1 N° 31
D.O. 05.04.2018

3.- Conducir un vehículo infringiendo lo dispuesto en los incisos tercero y cuarto del artículo 75.

Ley 21083
Art. 1 N° 6 a)
D.O. 05.04.2018

4.- Acceder a los servicios de transporte público remunerado de pasajeros utilizando un pase escolar, pase de educación superior o cualquier instrumento o mecanismo que permita el uso del transporte público remunerado de pasajeros con beneficios, sin ser su titular, o alterándolo con el fin de aparentar la titularidad sobre éstos, para el exclusivo uso de quien efectúe tal alteración.

Ley N° 18.290
Art. 197 N° 3
D.O. 07.02.1984

5.- Conducir un vehículo manipulando un dispositivo de telefonía móvil o cualquier otro artefacto electrónico o digital, que no venga incorporado de fábrica en él, excepto si la acción se realiza a través de un sistema de manos libres, conforme a las especificaciones que determine el reglamento.

Ley N° 20.068
Art. 1° N° 88
D.O. 10.12.2005

6.- Conducir un vehículo sin la placa patente única cuando ésta sea exigible conforme con lo dispuesto en el artículo 51.

Ley N° 18.290
Art. 197 N° 5 y 6
D.O. 07.02.1984

7.- Conducir un vehículo con la placa patente oculta o que utilice objetos, accesorios, luces o aditamentos que obstaculicen su plena percepción, o si la placa patente se encuentra en mal estado y dificulte la identificación del vehículo, siempre que la placa patente sea exigible conforme a lo dispuesto en el artículo 51.

Ley 20904
Art. ÚNICO N° 2
D.O. 16.03.2016

Ley 21083
Art. 1 N° 6 b)
D.O. 05.04.2018

Ley 21377
Art. ÚNICO N° 1
D.O. 12.10.2021

Ley 21539
Art. único N° 4
D.O. 13.02.2023

NOTA

De conformidad con el Art. transitorio de la ley 20904, publicada el 16 de marzo de 2016, las obligaciones que la citada ley introduce en el inciso 4° del artículo 75 serán exigibles transcurridos 12 meses desde su publicación.

Artículo 200.- Son infracciones o contravenciones graves las siguientes:

Ley 21601
Art. 1° N° 7
D.O. 11.09.2023

1. Conducir un vehículo en condiciones físicas o psíquicas deficientes;

Ley Nº 18.290
Art. 198
D.O. 07.02.1984

2. Conducir un vehículo con una licencia de conductor distinta a la que corresponda, salvo lo dispuesto en el inciso primero del artículo 194;

Ley Nº 20.068
Art. 1º Nº 89
D.O. 10.12.2005

3. Sobrepasar o adelantar en la situación prevista en los números 1 y 2 del artículo 122, en un paso para peatones o en un cruce no regulado, o sobrepasar por la berma;

Ley Nº 18.290
Art. 198 Nº 1
D.O. 07.02.1984

4. Entregar el dueño o su tenedor un vehículo para que lo conduzca persona que no cumpla con los requisitos para conducir;

Ley Nº 20.068
Art. 1º Nº 89
D.O. 10.12.2005

5. DEROGADO.

Ley Nº 18.290
Art. 198 Nº 2
D.O. 07.02.1984

6. Desobedecer las señales u órdenes de tránsito de un integrante de Carabineros de Chile o las de un inspector fiscal en los procedimientos de fiscalización del transporte público y privado remunerado de pasajeros y transporte de carga;

Ley 21539
Art. único Nº 5
D.O. 13.02.2023

7. No respetar los signos y demás señales que rigen el tránsito público, que no sean las indicadas en el número 1 del artículo anterior;

Ley Nº 18.290
Art. 198 Nº 4
D.O. 07.02.1984

8. No cumplir con lo dispuesto en el artículo 131 o en el artículo 117;

Ley Nº 18.290
Art. 198 Nº 5
D.O. 07.02.1984

9. Conducir un vehículo contra el sentido del tránsito;

Ley Nº 18.290
Art. 198 Nº 6
D.O. 07.02.1984

10. Conducir por la izquierda del eje de la calzada en una vía que tenga tránsito en ambos sentidos, ocupando el todo o parte del ancho de dicha calzada, salvo la excepción del artículo 122;

Ley Nº 18.290
Art. 198 Nº 7
D.O. 07.02.1984

11. No respetar el derecho preferente de paso de un peatón o de otro conductor;

Ley Nº 18.290
Art. 198 Nº 8
D.O. 07.02.1984

12. Detener o estacionar un vehículo en contravención a lo establecido en los números 6, 7 u 8 del artículo 154;

Ley Nº 18.290
Art. 198 Nº 9
D.O. 07.02.1984

13. Infringir las normas sobre virajes contempladas en los artículos 134 y 135;

Ley Nº 18.290
Art. 198 Nº 10
D.O. 07.02.1984

14. Conducir un vehículo con sus sistemas de dirección o de frenos en condiciones deficientes;

Ley Nº 18.290
Art. 198 Nº 11
D.O. 07.02.1984

15. Conducir un vehículo sin luces en las horas y circunstancias en que las exige esta ley o sus reglamentos;

Ley Nº 18.290
Art. 198 Nº 12
D.O. 07.02.1984

16. Conducir un vehículo con uno o más neumáticos en mal estado;

Ley Nº 18.290
Art. 198 Nº 13
D.O. 07.02.1984

17. No bajar la luz en carretera al enfrentar o acercarse por detrás a otro vehículo;

Ley Nº 18.290
Art. 198 Nº 14
D.O. 07.02.1984

18. Conducir un vehículo sin revisión técnica de reglamento, de homologación o de emisión de contaminantes vigentes o infringiendo las normas en materia de emisiones;

Ley Nº 18.290
Art. 198 Nº 15
D.O. 07.02.1984

19. Mantener animales sueltos en la vía pública o cierros en mal estado que permitan su salida a ella;

Ley Nº 18.290
Art. 198 Nº 16
D.O. 07.02.1984

20. No detener el vehículo antes de cruzar una línea férrea;

Ley 21201
Art. único Nº 1
D.O. 03.02.2020

21. Efectuar servicio público de pasajeros con vehículo rechazado en las revisiones técnicas de reglamento, o respecto de las cuales no se haya cumplido el trámite en su oportunidad;

Ley Nº 18.290
Art. 198 Nº 17
D.O. 07.02.1984

22. Conducir un taxi sin taxímetro debiendo llevarlo, tener éste sin el sello de la autoridad o acondicionado de modo que no marque la tarifa reglamentaria;

Ley Nº 18.290
Art. 198 Nº 18
D.O. 07.02.1984

23. Proveer de combustible a los vehículos de locomoción colectiva con pasajeros en su interior;

Ley 20904
Art. ÚNICO Nº 3
D.O. 16.03.2016

24. Conducir un vehículo sin tacógrafo u otro dispositivo que registre en el tiempo la velocidad y distancia recorrida, o con éste en mal estado o en condiciones deficientes, cuando su uso sea obligatorio;

Ley 21377
Art. ÚNICO Nº 2
D.O. 12.10.2021

25. Conducir un vehículo sin permiso de circulación o sin certificado de un seguro obligatorio de accidentes causados por vehículos motorizados, vigentes;

Ley Nº 18.290
Art. 198 Nº 21
D.O. 07.02.1984

26. Mantener en circulación un vehículo destinado al servicio público de pasajeros o al transporte de carga con infracción a los artículos 69, 70 y 78 o sin las revisiones técnicas de reglamentos aprobadas o con el sistema de dirección en mal estado, de las que será responsable el propietario;

Ley Nº 18.290
Art. 198 Nº 22
D.O. 07.02.1984

27. Conducir un vehículo con infracción de lo señalado en los artículos 62 o 65;

Ley Nº 18.290
Art. 198 Nº 23
D.O. 07.02.1984

28. Estacionarse en, usar u ocupar estacionamientos exclusivos para personas con discapacidad, sin derecho a ello;

Ley Nº 18.290
Art. 198 Nº 24
D.O. 07.02.1984

29. Detener o estacionar un vehículo en doble fila, respecto a otro vehículo detenido o estacionado junto a la cuneta;

Ley 20508
Art. ÚNICO b)
D.O. 18.04.2011

30. Cruzar una vía férrea en lugar no autorizado;

Ley 21083
Art. 1 N° 7 a)
D.O. 05.04.2018

31.- Conducir un vehículo infringiendo lo dispuesto en el número 10 y en el inciso segundo del artículo 75;

Ley 21083
Art. 1 N° 7 b)
D.O. 05.04.2018

32. Suprimido;

Ley Nº 18.290
Art. 198 Nº 25
D.O. 07.02.1984

33. Mantener abiertas las puertas de un vehículo de locomoción colectiva mientras se encuentra en movimiento; llevar pasajeros en las pisaderas o no detenerse junto a la acera al tomar o dejar pasajeros;

Ley 21083
Art. 1 N° 7 c)
D.O. 05.04.2018

34. Circular por la mitad izquierda de la calzada, salvo en las excepciones mencionadas en los artículos 116 y 125;

Ley 21425
Art. único N° 2
D.O. 15.02.2022

35. Transitar en un área urbana con restricciones por razones de contaminación ambiental, sin estar autorizado;

Ley 21601
Art. 1° N° 8
D.O. 11.09.2023

36. Usar cualquier tipo de elemento destinado a evadir la fiscalización;

Ley Nº 18.290
Art. 198 Nº 26
D.O. 07.02.1984

37. Arrojar desde un vehículo cigarrillos u otros elementos encendidos que puedan provocar un siniestro o un accidente;

Ley N° 18.290
Art. 198 N° 29
D.O. 07.02.1984

38. Usar los particulares, dispositivos especiales propios de vehículos de emergencia, salvo los autorizados por el reglamento;

Ley N° 18.290
Art. 198 N° 30
D.O. 07.02.1984

39. Detenerse, tratándose de medios de locomoción pública, en la intersección de calles, a dejar o tomar pasajeros en segunda fila o en paraderos no autorizados;

Ley N° 18.290
Art. 198 N° 31
D.O. 07.02.1984

40. Toda infracción declarada por el juez como causa principal de un accidente de tránsito que origine daño o lesiones leves;

Ley N° 18.290
Art. 198 N° 32
D.O. 07.02.1984

41.- Infringir lo dispuesto en el inciso final del artículo 75;

Ley N° 18.290
Art. 198 N° 33
D.O. 07.02.1984

42. Usar los servicios de transporte público remunerado de pasajeros sin pagar la tarifa correspondiente, y

Ley N° 18.290
Art. 198 N° 34
D.O. 07.02.1984

43. Infringir lo dispuesto en el artículo 86.

Ley N° 18.290
Art. 198 N° 35
D.O. 07.02.1984

44. Infringir lo dispuesto en los artículos 67 bis y 67 ter, en lo referente al transporte, carga y descarga de minerales y de concentrado de minerales.

Ley N° 18.290
Art. 198 N° 36
D.O. 07.02.1984

45. Conducir un vehículo que no cuente con la placa patente grabada de forma permanente en los vidrios y espejos laterales, cuando esto sea exigible conforme a esta ley y sus reglamentos.

Ley N° 18.290
Art. 198 N° 37
D.O. 07.02.1984

46. Tratándose de comercializadores de vehículos motorizados, vender un vehículo sin la placa patente grabada de forma permanente en los vidrios y espejos laterales, cuando el grabado sea exigible conforme a esta ley y sus reglamentos.

Ley Nº 18.290
Art. 198 Nº 38
D.O. 07.02.1984

En los casos de las infracciones de los números 14, 16, 18, 21 y 24, si ellas fueran cometidas por un conductor de un vehículo destinado al transporte público de pasajeros o al transporte de carga y que no fuere el dueño, se le aplicará la pena correspondiente a una infracción leve y no se anotará en el Registro Nacional de Conductores, salvo en los casos establecidos en el Nº 38 de este artículo.

Ley Nº 18.290,
Art. 198 Nº 39
D.O. 07.02.1984

Ley Nº 18.290,
Art. 198 Nº 40
D.O. 07.02.1984

Ley 20484
Art. 1 a)
D.O. 08.01.2011

Ley Nº 18.290,
Art. 198 Nº 41
D.O. 07.02.1984

Ley 20484
Art. 1 b)
D.O. 08.01.2011

Ley 20484
Art. 1 c)
D.O. 08.01.2011

Ley Nº 18.290
Art. 198 Nº 42
D.O. 07.02.1984

Ley Nº 18.290
Art. 198 Nº 43
D.O. 07.02.1984

Ley Nº 18.290
Art. 198 Nº 44
D.O. 07.02.1984

Ley Nº 18.290
Art. 198 Nº 27
D.O. 07.02.1984

Ley Nº 18.290
Art. 198 Nº 28
D.O. 07.02.1984

Artículo 200 bis.- Se prohíbe la venta y carga al público de combustible a los vehículos motorizados que no cuenten con su placa patente delantera o trasera.

Ley 21601
Art. 1° N° 9
D.O. 11.09.2023

Las estaciones de servicio y de autoservicio deberán exhibir carteles visibles que indiquen expresamente la prohibición de venta y carga de combustible a los vehículos que no cuenten con su placa patente señalados en el inciso anterior.

La contravención a lo dispuesto en este artículo será castigada con multa de 10 a 100 unidades tributarias mensuales y se aplicará al concesionario o dueño de la estación de servicio. Al que reiterare la conducta se le aplicará siempre el máximo de la multa.

NOTA

El artículo tercero transitorio de la ley 21601, publicada el 11.09.2023, dispone que la obligación establecida en el inciso segundo de la presente norma, entrará en vigencia treinta días después de publicada la citada ley en el Diario Oficial.

Artículo 201.- Son infracciones o contravenciones menos graves, las siguientes:

Ley N° 18.290
Art. 199
D.O. 07.02.1984

1. Estacionar o detener un vehículo en lugares prohibidos, sin perjuicio de lo establecido en los números 7, 28, 29 y 39 del artículo anterior;

Ley N° 20.068
Art. 1° N° 90
D.O. 10.12.2005

2. Infringir las normas del artículo 115;

Ley 21201
Art. único N° 2
D.O. 03.02.2020

3. Conducir un vehículo usando indebidamente las luces, con luces o focos distintos o adicionales a los permitidos en esta ley o sus reglamentos, sin perjuicio de lo establecido en el número 15 del artículo anterior;

Ley N° 18.290
Art. 199 N° 1
D.O. 07.02.1984

4. Infringir, los conductores, las disposiciones del artículo 142 ó 143 sobre vehículos de emergencia;

Ley 21601
Art. 1° N° 10 a)
D.O. 11.09.2023

5. No hacer las señales debidas antes de virar;

Ley N° 18.290

Art. 199 Nº 3
D.O. 07.02.1984

6. No respetar las prohibiciones establecidas en el artículo 137;

Ley Nº 18.290
Art. 199 Nº 4
D.O. 07.02.1984

7. Conducir un vehículo motorizado sin silenciador o con éste o el tubo de escape en malas condiciones, o con el tubo de salida antirreglamentario;

Ley Nº 18.290
Art. 199 Nº 5
D.O. 07.02.1984

8. No llevar los elementos señalados en los números 1, 2 y 3 del artículo 75;

Ley 21088
Art. 1 Nº 33
D.O. 10.05.2018

9. Detener o estacionar un vehículo en doble fila;

Ley Nº 18.290
Art. 199 Nº 6
D.O. 07.02.1984

10. Destinar y mantener en circulación un vehículo de servicio público de pasajeros o de carga que no cumpla con los requisitos establecidos en la ley, su reglamento o aquellas normas que dicte el Ministerio de Transportes y Telecomunicaciones, sin perjuicio de lo establecido en el Nº 26 del artículo 200 de la que será responsable el propietario del vehículo;

Ley Nº 18.290
Art. 199 Nº 7
D.O. 07.02.1984

11. Infringir las normas sobre transporte de pasajeros en los vehículos de carga;

Ley Nº 18.290
Art. 199 N º8
D.O. 07.02.1984

12. Negarse los conductores de vehículos de locomoción colectiva a transportar escolares;

Ley Nº 18.290
Art. 199 Nº 5
D.O. 07.02.1984

13. Infringir la prohibición de consumo de bebidas alcohólicas establecida en el inciso primero del artículo 110;

Ley Nº 18.290
Art. 199 Nº 10
D.O. 07.02.1984

14. Conducir bicicletas, motocicletas o vehículos similares, contraviniendo la norma sobre uso obligatorio de casco protector y demás elementos de seguridad. Asimismo, constituirá infracción la conducción de vehículos motorizados utilizando un casco que no cumpla con la obligación establecida en el artículo 80;

Ley Nº 18.290

Art. 199 Nº 11
D.O. 07.02.1984

15. No cumplir las obligaciones que impone el artículo 176;

Ley Nº 18.290
Art. 199 Nº 14
D.O. 07.02.1984

16. Deteriorar o alterar cualquier señal de tránsito;

Ley 21601
Art. 1° N° 10 b)
D.O. 11.09.2023

17. Transitar un peatón por la calzada, por su derecha en los caminos o cruzar cualquier vía o calle fuera del paso para peatones o saltar vallas peatonales o pasar entre o sobre rejas u otros dispositivos existentes entre calzadas con tránsito opuesto;

Ley Nº 18.290
Art. 199 Nº 16
D.O. 07.02.1984

18. Infringir las normas sobre transporte terrestre dictadas por el Ministerio de Transportes y Telecomunicaciones;

Ley Nº 18.290
Art. 199 Nº 17
D.O. 07.02.1984

19. No cumplir el titular de una licencia de conductor con las obligaciones establecidas en los artículos 19 y 24, o no dar cumplimiento a las demás obligaciones que se le hayan impuesto en la licencia para conducir;

Ley Nº 18.290
Art. 199 Nº 18
D.O. 07.02.1984

20. Arrojar desde un vehículo desperdicios, residuos, objetos o sustancias;

Ley Nº 18.290
Art. 199 Nº 20
D.O. 07.02.1984

21. Infringir lo dispuesto en el artículo 118;

Ley Nº 18.290
Art. 199 Nº 21
D.O. 07.02.1984

22. Conducir un vehículo de alquiler o de transporte colectivo de personas con materias peligrosas;

Ley Nº 18.290
Art. 199 Nº 22
D.O. 07.02.1984

23. Infringir la obligación del propietario de dar cuenta al Registro de Vehículos Motorizados de todas las alteraciones en los vehículos que los hagan cambiar su naturaleza, sus características esenciales, o que los identifican, como asimismo su abandono, destrucción o desarmaduría total o parcial;

Ley N° 18.290
Art. 199 N° 23
D.O. 07.02.1984

24. No conducir dentro de la pista de circulación demarcada o cambiar sorpresivamente de pista obstruyendo la circulación de otros vehículos;

Ley N° 18.290
Art. 199 N° 24
D.O. 07.02.1984

25. Detener o estacionar un vehículo en contravención a lo establecido en los números 6 y 7 del artículo 154 o estacionar en un paso para peatones, y

Ley N° 18.290
Art. 199 N° 25
D.O. 07.02.1984

26. Conducir un vehículo en alguna de las circunstancias a que se refiere el número 11 del artículo 167.

Ley N° 18.290
Art. 199 N° 26
D.O. 07.02.1984

Ley N° 18.290
Art. 199 N° 27
D.O. 07.02.1984

Ley N° 18.290
Art. 200
D.O. 07.02.1984

Artículo 202.- Serán infracciones o contravenciones leves todas las demás transgresiones de la presente ley que no estén indicadas en la enumeración de los tres artículos anteriores.

Ley N° 18.290
Art. 200 bis
D.O. 07.02.1984

Ley N° 19.816
Art. 1° f)
D.O. 07.08.2002

Asimismo, serán leves las infracciones o contravenciones a las normas dictadas por el Ministerio de Transportes y Telecomunicaciones no comprendidas en el artículo 204.

Ley N° 20.068
Art. 1° N° 92
D.O. 10.12.2005

Artículo 203.- Para los efectos de denunciar o iniciar de cualquier otra forma procesos por infracciones relativas a la velocidad, se establece un rango de tolerancia general de 5 kilómetros por hora, que deberá sumarse a los límites de velocidad de los artículos 145 y 146.

Ley N° 18.290
Art. 199 N° 12
D.O. 07.02.1984

Constituirá infracción menos grave, exceder hasta en 10 kilómetros por hora el límite máximo de velocidad de los artículos 145 y 146.

Ley Nº 20.068
Art. 1º Nº 90
D.O. 10.12.2005

Constituirá infracción grave, exceder de 11 a 20 kilómetros por hora el límite máximo de velocidad de los artículos 145 y 146.

Ley Nº 18.290
Art. 199 Nº 13
D.O. 07.02.1984

Constituirá infracción gravísima, exceder entre 20 y 60 kilómetros por hora el límite máximo de velocidad señalado en los artículos 145 y 146.

Ley Nº 20.068
Art. 1º Nº 90
D.O. 10.12.2005

Ley 21495
Art. único Nº 3
D.O. 04.10.2022

Artículo 204.- La pena de multa se aplicará a los infractores de los preceptos de esta ley, de acuerdo con la escala siguiente:

Ley Nº 18.290
Art. 201
D.O. 07.02.1984

1.- Infracciones o contravenciones gravísimas, 1,5 a 3 unidades tributarias mensuales;
2.- Infracciones o contravenciones graves, 1 a 1,5 unidades tributarias mensuales;
3.- Infracciones o contravenciones menos graves, 0,5 a 1 unidad tributaria mensual, y
4.- Infracciones o contravenciones leves, 0,2 a 0,5 unidad tributaria mensual.

Ley Nº 20.068
Art. 1º Nº 93
D.O. 10.12.2005

A los reincidentes de infracciones gravísimas o graves, cometidas en los últimos tres y dos años, respectivamente, se les impondrá el doble de la multa establecida para cada infracción, la que se elevará al triple en caso de incurrirse nuevamente en dicha conducta. Lo anterior, sin perjuicio de las suspensiones o cancelaciones de licencias de conductor que corresponda.

Las personas que indiquen un domicilio falso o inexistente en un procedimiento de fiscalización donde sean citadas al juzgado de policía local serán sancionadas con multa de una a diez unidades tributarias mensuales.

Ley 21083
Art. 1 Nº 8
D.O. 05.04.2018

El comercializador que entregue un vehículo nuevo sin la placa patente única instalada será sancionado con multa de 10 a 50 unidades tributarias mensuales.

Ley 21539
Art. único Nº 6
D.O. 13.02.2023

El adquirente de un vehículo, que no cumpla con la obligación establecida en el inciso cuarto del artículo 42, o que indique domicilio falso o inexistente, será sancionado con multa de 5 a 75 unidades tributarias mensuales. Asimismo, si no diera cumplimiento a la obligación establecida en el inciso final del mismo artículo, será sancionado con multa de 3 a 5 unidades tributarias mensuales.

Ley 21601
Art. 1° N° 11
D.O. 11.09.2023

La infracción de la prohibición establecida en el número 3 del artículo 160 será sancionada con multa de media unidad tributaria mensual a dos unidades tributarias mensuales. La reincidencia será sancionada con multa de dos a cuatro unidades tributarias mensuales.

Ley 21426
Art. 6
D.O. 12.02.2022

En los casos señalados en el inciso anterior, la mercadería será decomisada. Los elementos perecibles serán distribuidos entre los establecimientos de caridad o asistencia de la comuna respectiva, según lo establezcan las ordenanzas municipales correspondientes. Los demás elementos serán destruidos según lo dispongan las mismas ordenanzas.

Al que transporte cargas peligrosas sin ajustarse a las normas reglamentarias que rigen la actividad, se le aplicará una multa de 5 a 20 unidades tributarias mensuales, respectivamente.

En casos calificados, por resolución fundada, el Juez podrá imponer una multa de monto inferior a las señaladas, atendidas las condiciones en que se cometió el hecho denunciado o la capacidad económica del infractor.

Si una persona, en un mismo hecho, fuera responsable de dos o más infracciones, se aplicará la multa que corresponda a la infracción de mayor grado, cualquiera que sea el número de ellas, sin perjuicio de lo dispuesto en el inciso anterior.

Para la definición de las infracciones y establecimiento de penalidades sobre peso máximo de vehículos, regirán las disposiciones del Ministerio de Obras Públicas.

Artículo 205.- Las multas señaladas en los artículos anteriores, no estarán afectas a recargo legal alguno.

Ley N° 18.290
Art. 202
D.O. 07.02.1984

Ley N° 18.290
Art. 203
D.O. 07.02.1984

Ley N° 19.495
Art. 1° N° 45
D.O. 08.03.1997

Ley N° 18.290
Art. 204
D.O. 07.02.1984

Ley N° 19.495
Art. 1° N° 46
D.O. 08.03.1997

Artículo 206.- Los distintivos y dispositivos que se utilicen en contravención a la ley o los reglamentos y los taxímetros que se usen adulterados, caerán en comiso y serán destruidos.

Ley Nº 18.290
Art. 205
D.O. 07.02.1984

Ley Nº 20.068
Art. 1º Nº 94
D.O. 10.12.2005

Ley Nº 18.290
Art. 206
D.O. 07.02.1984

Ley Nº 19.495
Art. 1º Nº 48
D.O. 08.03.1997

Ley Nº 18.290
Art. 207
D.O. 07.02.1984

Ley Nº 19.495
Art. 1º Nº 49
D.O. 08.03.1997

§ 3. DE LA SUSPENSIÓN E INHABILITACIÓN PARA CONDUCIR VEHÍCULOS A TRACCIÓN MECÁNICA Y LA CANCELACIÓN DE LA LICENCIA DE CONDUCTOR (ARTS. 207 - 209)

Ley 20580
Art. 1 Nº 10
D.O. 15.03.2012

Artículo 207.- Sin perjuicio de las multas que sean procedentes, el Juez decretará la suspensión de la licencia de conducir del infractor, en los casos y por los plazos que se indican a continuación:

Ley Nº 18.290
Art. 208
D.O. 07.02.1984

a) Infracción o contravención gravísima, de 5 a 45 días de suspensión;

Ley Nº 19.495
Art. 1º Nº 51
D.O. 08.03.1997

b) Tratándose de procesos por acumulación de infracciones, al responsable de dos infracciones o contravenciones gravísimas cometidas dentro de los últimos doce meses, la licencia se suspenderá de 45 a 90 días y al responsable de dos infracciones o contravenciones graves cometidas dentro de los últimos doce meses, de 5 a 30 días.

Ley Nº 18.290
Art. 208 letra a)
D.O. 07.02.1984

Ley Nº 19.495
Art. 1º Nº 51

D.O. 08.03.1997

Ley N° 19.925
Art. TERCERO N° 11
D.O. 19.01.2004

Ley N° 18.290
Art. 208 letra b)
D.O. 07.02.1984

Ley N° 20.068
Art. 1° N° 95
D.O. 10.12.2005

Artículo 208.- La pena de suspensión para conducir vehículos de tracción mecánica o animal conlleva la imposibilidad de usarla durante el tiempo de la condena; la de inhabilitación para conducir vehículos de tracción mecánica o animal conlleva la cancelación de la licencia de conducir o la imposibilidad de obtenerla.

Ley 20580
Art. 1 N° 11 a)
D.O. 15.03.2012

Sin perjuicio de las multas que sean procedentes y de lo señalado en los artículos 193 y 196, el juez decretará la cancelación de la licencia de conducir del infractor, en los siguientes casos:

Ley N° 18.290
Art. 209
D.O. 07.02.1984

a) Ser responsable, durante los últimos doce meses, de tres o más infracciones o contravenciones gravísimas;

Ley N° 20.068
Art. 1° N° 96 1)
D.O. 10.12.2005

b) Haber sido condenado con la suspensión de la licencia de conducir por tres veces dentro de los últimos doce meses, o cuatro veces dentro de los últimos veinticuatro meses.

Ley 20580
Art. 1 N° 11 b)
D.O. 15.03.2012

El infractor, transcurridos que sean dos años desde la fecha de cancelación de su licencia de conducir, podrá solicitar una nueva al Departamento de Tránsito y Transporte Público de la municipalidad de su domicilio, de acuerdo a las normas establecidas en el Título I de esta ley, salvo que la sentencia condenatoria haya impuesto una pena superior, en cuyo caso regirá ésta.

Ley N° 18.290
Art. 209 letra c)
D.O. 07.02.1984

En los casos que, como consecuencia de la aplicación de lo dispuesto en los artículos 193 y 196, se hubiere cancelado la licencia de conducir, el juez, transcurridos doce años desde que se canceló la licencia, podrá alzar esta medida cuando nuevos antecedentes permitan estimar fundadamente que ha desaparecido el peligro para el tránsito o para la seguridad pública que importaba la conducción de vehículos motorizados por el infractor.

Ley N° 18.290
Art. 209 letra d)
D.O. 07.02.1984

Ley N° 20.068
Art. 1° N° 96 2)
D.O. 10.12.2005

Ley 20580
Art. 1 N° 11 c)
D.O. 15.03.2012

Artículo 209.- El conductor que hubiere sido condenado a las penas de suspensión o inhabilitación perpetua para conducir vehículos de tracción mecánica o animal, y fuere sorprendido conduciendo un vehículo durante la vigencia de la sanción impuesta, será castigado con presidio menor en su grado mínimo y multa de hasta diez unidades tributarias mensuales.

Ley 20580
Art. 1 N° 12
D.O. 15.03.2012

Si los delitos a que se refieren los artículos 193 y 196 de la presente ley, fueren cometidos por quien no haya obtenido licencia de conducir, o que, teniéndola, hubiese sido cancelada o suspendida, el tribunal deberá aumentar la pena en un grado.

Ley 20770
Art. 1 N° 8 a)
D.O. 16.09.2014

Lo previsto en el presente artículo no se aplicará a quienes fueren condenados por los delitos contemplados en los incisos tercero y cuarto del artículo 196.

Ley 20770
Art. 1 N° 8 b)
D.O. 16.09.2014

TÍTULO XVIII
DEL REGISTRO NACIONAL DE CONDUCTORES DE VEHÍCULOS MOTORIZADOS (ARTS. 210-216)

Artículo 210.- Créase el Registro Nacional de Conductores de Vehículos Motorizados, que estará a cargo del Servicio de Registro Civil e Identificación y cuyos objetivos serán el de reunir y mantener los antecedentes de los conductores de dichos vehículos e informar sobre ellos a las autoridades competentes.

Este registro reemplazará a los señalados en el artículo 44 de la Ley N° 15.231, y no se considerarán las anotaciones de infracciones efectuadas en ellos, salvo las que se refieren a cancelación de licencias por sentencia judicial y a conducción en estado de ebriedad.

Ley N° 18.290
Art. 210
D.O. 07.02.1984

La Ley 21549, Art. 23 N° 3, D.O. 10.04.2023 modificó este Artículo, lo que depende del siguiente evento para que entre en vigencia: La ley 21549 introdujo modificaciones a los artículos 4, 170 y 211 de esta ley, las cuales entrarán en vigor transcurridos noventa días desde la publicación en el Diario Oficial del último de los reglamentos a que hace referencia el artículo segundo transitorio del citado cuerpo legal.

Artículo 211.- El Registro Nacional de Conductores de Vehículos Motorizados, deberá:

1.- Enrolar a los conductores de vehículos motorizados de todo el país, registrando sus datos personales y las modificaciones de ellos;

Ley N° 18.290
Art. 211 N° 1
D.O. 07.02.1984

2.- Registrar las sentencias ejecutoriadas en que se condene a una persona por delitos, cuasidelitos, faltas, infracciones gravísimas o graves, tipificada en esta ley, sea que tengan o no licencia para conducir;

Ley N° 18.290
Art. 211 N° 2
D.O. 07.02.1984

3.- Anotar las condenas por los delitos de conducir en estado de ebriedad o conducir bajo la influencia de estupefacientes o sustancias sicotrópicas;

Ley N° 19.925
Art. TERCERO N° 12 a)
D.O. 19.01.2004

4.- Registrar las condenas por cancelación o suspensión de la licencia de conductor;

Ley N° 19.495
Art. 1° N° 54
D.O. 08.03.1997

5.- Comunicar al Juzgado de Policía Local respectivo los antecedentes para la cancelación o suspensión de la licencia de conductor por reincidencia en infracciones o contravenciones a esta ley;

Ley N° 18.290
Art. 211 N° 3
D.O. 07.02.1984

6.- Remitir la información que les sea requerida por los Tribunales de Justicia, Carabineros de Chile o por los Departamentos de Tránsito y Transportes Público Municipal;

Ley N° 19.925
Art. TERCERO N° 12 b)
D.O. 19.01.2004

7.- Otorgar los certificados que les sean solicitados por los conductores inscritos, y

Ley N° 18.290
Art. 211 N° 4
D.O. 07.02.1984

8.- Registrar las anotaciones que consten en el "Registro de Pasajeros Infractores.

Ley Nº 18.290
Art. 211 Nº 5
D.O. 07.02.1984

Ley 21083
Art. 1 Nº 9 a)
D.O. 05.04.2018

Ley Nº 18.290
Art. 211 Nº 6
D.O. 07.02.1984

Ley 21083
Art. 1 Nº 9 b)
D.O. 05.04.2018

Ley Nº 18.290
Art. 211 Nº 7
D.O. 07.02.1984

Ley 21083
Art. 1 Nº 9 c)
D.O. 05.04.2018

Artículo 212.- Los conductores de vehículos motorizados serán enrolados en el Registro debiendo incluirse, a lo menos, los datos siguientes:

1.- Nombres, apellidos y domicilio del inscrito;

Ley Nº 18.290
Art. 212 Nº 1
D.O. 07.02.1984

2.- Número de la cédula de identidad con letra o dígito verificador;

Ley Nº 18.290
Art. 212 Nº 2
D.O. 07.02.1984

3.- Municipalidad que otorgó la licencia de conductor, su clase y fecha, y

Ley Nº 19.495
Art. 1º Nº 55 a)
D.O. 08.03.1997

4.- En el caso de la licencia profesional se deberá incluir, además, el nombre de la escuela de conductores donde se aprobó el curso respectivo.

Ley Nº 18.290
Art. 212 Nº 3
D.O. 07.02.1984

Ley Nº 18.290
Art. 212 Nº 4
D.O. 07/02/1984

Ley Nº 19.495
Art. 1º Nº 55 c)
D.O. 08/03/1997

Artículo 213.- El Registro se formará, inicialmente, con la información de los Departamentos de Tránsito y Transporte Público Municipal que otorguen licencias de conductor en conformidad a esta ley. Respecto de los conductores que no tengan licencia para conducir, el Registro se abrirá con la sentencia condenatoria respectiva.

Ley N° 18.597
Art.1° N° 24
D.O. 29.01.1987

Ley N° 19.495
Art. 1° N° 56
D.O. 08.03.1997

Ley N° 18.290
Art. 213
D.O. 07.02.1984

Artículo 214.- Los Departamentos de Tránsito y Transporte Público Municipal deberán comunicar al Registro Nacional de Conductores de Vehículos Motorizados, dentro de cinco días hábiles, el hecho de haberse otorgado una licencia de conducir y los datos necesarios para efectuar la inscripción.

Asimismo, esos Departamentos deberán comunicar todo otro dato que modifique la anotación de un conductor en el Registro.

Ley N° 18.290
Art. 214
D.O. 07.02.1984

Artículo 215.- Los Tribunales de Justicia y los Juzgados de Policía Local y cualquier otro Tribunal de la República, deberá comunicar al Registro toda sentencia ejecutoriada que condene a una persona como autor de delitos e infracciones a la ley N° 19.925, sobre Expendio y Consumo de Bebidas Alcohólicas, y a la ley N° 20.000, sobre Tráfico Ilícito de Estupefacientes y Sustancias Sicotrópicas, o que cancele o suspenda la licencia de conductor o que condene a una persona por delitos, cuasidelitos, infracciones gravísimas o graves tipificadas en esta ley.

Asimismo, se hará igual comunicación a la Municipalidad que hubiere otorgado la licencia respectiva para que se agregue a la carpeta de antecedentes del afectado; y, al Ministerio de Transportes y Telecomunicaciones, en caso que la sentencia ejecutoriada afecte a un operador de transporte remunerado de escolares.

Ley N° 19.495
Art. 1° N° 57
D.O. 08.03.1997

Ley N° 19.495
Art. 1° N° 58
D.O. 08.03.1997

Ley N° 18.290
Art. 217
D.O. 07.02.1984

Ley N° 18.290
Art. 216
D.O. 07.02.1984

Ley N° 19.495
Art. 1° N° 59

D.O. 08.03.1997

Artículo 216.- En los casos en que por acumulación de infracciones gravísimas o graves en el Registro, apareciera que se cumplen los presupuestos legales para que opere la suspensión o cancelación de la licencia de un conductor, el Servicio de Registro Civil e Identificación deberá informarlo detalladamente al Juez de Policía Local del domicilio que el titular de la licencia tuviera registrado, dentro de los dos días hábiles contados desde la anotación de la infracción en el Registro.

Ley N° 18.290
Art. 218
D.O. 07.02.1984

Artículo 217.- Las anotaciones en el Registro de las sentencias ejecutoriadas de condenas por infracciones gravísimas o graves podrán eliminarse una vez trascurridos tres años, en el caso de infracciones gravísimas, y dos años, en el caso de infracciones graves. Estos plazos se computarán y podrán hacerse valer separadamente para cada una de dichas categorías de infracciones, y se contarán desde la fecha de la anotación de la última infracción de la respectiva categoría.

Ley N° 18.290
Art. 219
D.O. 07.02.1984

Las demás anotaciones en el registro, que también figuren en el Registro General de Condenas, se borrarán, según corresponda, cuando se haya procedido a la eliminación de las anotaciones prontuariales o del prontuario penal mismo, en conformidad con la ley.

Ley N° 19.902
Art. Único N° 2
D.O. 09.10.2003

La eliminación se solicitará directamente al Servicio, el que la practicará previo pago de un derecho cuyo monto se determinará anualmente mediante decreto supremo del Ministerio de Justicia.

Las anotaciones en el Registro también podrán eliminarse por decreto judicial o por resolución administrativa del Jefe Superior del Servicio, fundada en la existencia de un error notorio, o por el juez de policía local abogado del domicilio del peticionario, de oficio o conociendo en única instancia y sin forma de juicio de la solicitud de eliminación de una anotación no comprendida en los incisos anteriores y que se encuentre fundada en un error notorio o en causa legal.

Las anotaciones se eliminarán definitivamente, por el solo ministerio de la ley, al inscribirse en el Registro de Defunciones del Servicio de Registro Civil e Identificación el fallecimiento de una persona anotada.

TÍTULO XIX
DE LOS VEHÍCULOS CONSIDERADOS COMO ANTIGUOS O HISTÓRICOS
(ARTS. 217-219)

Artículo 218.- Se considerarán como vehículos motorizados antiguos o históricos todos aquellos que sean reconocidos como tales por el Ministerio de Transportes y Telecomunicaciones, en virtud de encontrarse debidamente conservados o restaurados a su condición original y tener cuarenta o más años de antigüedad. Con todo, podrán obtener dicha declaración los vehículos que, no obstante ser de construcción posterior, revistan un singular interés técnico o histórico.

Ley Nº 18.290
Art. 220
D.O. 07.02.1984

Ley Nº 20.068
Art. 1º Nº 98
D.O. 10.12.2005

Artículo 219.- Una institución privada y sin fines de lucro, que tenga dentro de sus objetivos fomentar la conservación de vehículos antiguos o históricos, podrá ser designada por el Ministerio de Transportes y Telecomunicaciones para, previa inspección, informar sobre la procedencia de otorgar el reconocimiento a que alude el artículo anterior.

Ley Nº 18.290
Art. 221
D.O. 07.02.1984

Ley Nº 20.068
Art. 1º Nº 98
D.O. 10.12.2005

Artículo 220.- Los vehículos motorizados antiguos o históricos deberán cumplir las normas especiales de emisión y estarán afectos a las restricciones de circulación que determine el reglamento. El Ministerio de Transportes y Telecomunicaciones les otorgará un certificado de revisión técnica y un distintivo especial, sin los cuales no podrán transitar.

Ley Nº 18.290
Art. 222
D.O. 07.02.1984

Ley Nº 20.068
Art. 1º Nº 98
D.O. 10.12.2005

TÍTULO XX
DE LAS BICICLETAS Y OTROS CICLOS
(ARTS. 221-224)

Ley 21088
Art. 1 N° 34
D.O. 10.05.2018

Artículo 221.- El Ministerio de Transportes y Telecomunicaciones dictará un reglamento que regule las condiciones de gestión y seguridad de tránsito que deberán cumplir las ciclovías para su correcta operación. Se entenderá por condiciones de gestión y seguridad de tránsito, los requisitos de diseño y características técnicas con las que deberán planificarse, implementarse y mantenerse las ciclovías. Asimismo, dicho reglamento definirá las especificaciones técnicas de los elementos de seguridad para los ocupantes de ciclos, tales como casco, elementos reflectantes, frenos, luces y otros accesorios de seguridad de los ciclos.

Ley 21088
Art. 1 N° 34
D.O. 10.05.2018

El Ministerio de Transportes y Telecomunicaciones, a través de sus secretarías regionales ministeriales, autorizará, mediante resolución, la operación de las ciclovías que cumplan los requisitos indicados en el reglamento señalado en el inciso anterior. Dicha resolución deberá indicar el nombre de la o las vías en que se ubicará la ciclovía, los tramos que ocupará, su emplazamiento, accesos y el sentido del tránsito que tendrá, entre otros aspectos que el reglamento señale.

El Ministerio de Transportes y Telecomunicaciones podrá, además, establecer prohibiciones de circulación sobre las ciclovías para tipos específicos de ciclos, considerando sus dimensiones, estructura u otras similares que puedan afectar la correcta operación de las ciclovías, en los términos que señale el referido reglamento.

Artículo 222.- Para la circulación en zonas urbanas los conductores de ciclos deberán respetar las siguientes reglas:

Ley 21088
Art. 1 N° 34
D.O. 10.05.2018

a) Los ciclos deberán transitar por las ciclovías. A falta de éstas lo harán por la pista derecha de la calzada. Constituyen una excepción a la obligación de transitar por la pista derecha de la calzada, los siguientes casos:

i. Los establecidos en los números 1 y 2 del artículo 116.

ii. En vías unidireccionales, cuando exista una pista de uso exclusivo de buses ubicada al costado derecho de la calzada. En esta situación, los ciclos deberán circular por el costado izquierdo de la pista izquierda. Tratándose de vías bidireccionales, esta disposición se aplicará sólo en caso de existir bandejón central o mediana.

iii. Cuando el ciclo deba virar a la izquierda, lo que deberá hacer de conformidad con las normas del Título X.

b) Los ciclos podrán circular excepcionalmente por aceras adecuando su velocidad a la de los peatones, y respetando en todo momento la preferencia de éstos, cuando no exista una ciclovía y sólo en los siguientes casos:

i. Tratándose de conductores menores de 14 años o adultos mayores.

ii. Tratándose de personas que circulen con niños menores de 7 años.

iii. Tratándose de personas con alguna discapacidad, como también aquéllas de movilidad reducida.

iv. Aun existiendo una ciclovía, cuando las condiciones de ésta o de la calzada, o las condiciones climáticas hagan peligroso continuar.

En el caso de que la circulación por la ciclovía o la calzada se vea imposibilitada, el conductor del ciclo podrá utilizar excepcionalmente la acera, respetando siempre la prioridad del peatón y los vehículos que ingresen a las edificaciones o emerjan de éstas. El desplazamiento deberá efectuarlo a velocidad de peatón, alejado de las edificaciones o cierres, y si el flujo peatonal es muy alto deberá descender del ciclo.

c) En el caso de tener que utilizar un cruce peatonal, el conductor del ciclo deberá detenerse antes del mismo y atravesarlo a velocidad reducida, respetando siempre la prioridad del peatón, a velocidad de peatón y si el flujo peatonal es muy alto deberá descender del ciclo.

d) Los peatones deberán cruzar las ciclovías por los lugares debidamente señalizados y no podrán permanecer ni caminar por ellas.

Artículo 223.- Son deberes de los conductores de ciclos los siguientes:

Ley 21088

Art. 1 N° 34
D.O. 10.05.2018

a) Conducir un ciclo atento a las condiciones del tránsito, sin utilizar elementos que dificulten sus sentidos de visión y audición.

b) Conducir un ciclo equipado con al menos un sistema de freno que sea eficaz.

c) En caso de transportar menores de 7 años, el conductor deberá ser mayor de edad.

d) En caso de utilizar un sistema de remolque para el transporte de personas, animales o mercancías, el conductor deberá ser mayor de edad. En todo caso, dicho sistema deberá cumplir los estándares definidos por el Ministerio de Transportes y Telecomunicaciones.

Artículo 224.- Las bicicletas deberán estacionarse preferentemente en los lugares habilitados para ello, dejando en todos los casos un espacio para la libre circulación de peatones.

Ley 21088
Art. 1 N° 34
D.O. 10.05.2018

Queda prohibido aferrar por cualquier medio las bicicletas en zonas reservadas para carga y descarga en la calzada en el horario dedicado a dicha actividad, en zonas de estacionamiento para personas con discapacidad, en zonas de estacionamiento prohibido conforme señalización, en paradas de transporte público y en pasos de peatones.

Los estacionamientos de bicicletas quedan única y exclusivamente reservados a este tipo de vehículo.

TÍTULO FINAL
DE LA VIGENCIA DE LA LEY
(ARTS. 225-226)

Ley 21088
Art. 1 N° 35
D.O. 10.05.2018

Artículo 225.- La presente ley empezará a regir el 1° de enero de 1985. No obstante los incisos cuarto y quinto del artículo 22 regirán a contar del 1° de enero de 1986.

Ley 21088
Art. 1 N° 35
D.O. 10.05.2018

Ley N° 18.290
Art. 223
D.O. 07.02.1984

Ley N° 18.389
Art. Único N° 2
D.O. 11.01.1985

Ley N° 20.068
Art. 1° N° 98
D.O. 10.12.2005

Artículo 226.- Derógase a partir del 1° de enero de 1985, el decreto con fuerza de ley N° 3.068, de 1964, Ordenanza General del Tránsito.

Ley N° 18.290
Art. 224

D.O. 07.02.1984

Ley N° 20.068
Art. 1° N° 98
D.O. 10.12.2005

ARTÍCULOS TRANSITORIOS

Ley N° 20.068
Art. 1° N° 99
D.O. 10.12.2005

Ley N° 18.290
Arts. transitorios 1° a 8°
D.O. 07.02.1984

Artículo 1°.- El tiempo de posesión de la licencia de conductor otorgada en conformidad a la Ordenanza General de Tránsito, valdrá para los efectos indicados en el artículo 13.

Ley N° 18.290
Art. 9° transitorio
D.O. 07.02.1984

Artículo 2°.- Las disposiciones contenidas en los artículos 70 y 80 de este Decreto con Fuerza de Ley, mantendrán su vigencia hasta que el Ministerio de Transportes y Telecomunicaciones dicte los reglamentos respectivos.

Ley N° 18.290
Art. 10° transitorio
D.O. 07.02.1984

Ley N° 20.068
Art. 1° N° 99
D.O. 10.12.2005

Artículo 3°.- El requisito de escolaridad mínima establecido en el artículo 13 en ningún caso será exigible a las personas que sean titulares de las licencias Clase A-1, A-2, B y C.

Ley N° 19.495
Art. 1° transitorio
D.O. 08.03.1997

Artículo 4°.- Las licencias Clase A-1 mantendrán su vigencia habilitando a sus titulares para conducir vehículos motorizados destinados al transporte colectivo de personas, taxis, vehículos para el transporte remunerado de escolares y particular de personas; estos últimos con capacidad superior a siete asientos, excluido el del conductor.

Asimismo, las licencias Clases A-2, mantendrán su vigencia, habilitando a sus titulares para conducir vehículos motorizados de carga, simples o con acoplados, con capacidad de carga superior a 1.750 kilogramos; vehículos recolectores de basura u otros destinados al aseo; vehículos de carga, sea cual fuere su capacidad, que transporten substancias o mercancías peligrosas, tales como explosivos o elementos radioactivos, corrosivos, tóxicos o inflamables y vehículos de emergencia.

Ley N° 19.495
Art. 2° transitorio
D.O. 08.03.1997

En las licencias a que se refieren los incisos precedentes deberá constar la clase y el tipo de vehículo que habilita para conducir.

Los conductores a que se refieren los incisos primero y segundo de este artículo, estarán habilitados para guiar vehículos cuya conducción requiera licencia Clase B.

Artículo 5º.- Los titulares de licencias de conductor Clase A-1 otorgadas con anterioridad al 8 de marzo de 1997 y que mantengan su vigencia a la fecha de publicación de esta ley, podrán obtener directamente la licencia profesional Clase A-3. Asimismo, los titulares de licencias de conductor Clase A-2 otorgadas con anterioridad al 8 de marzo de 1997 y que mantengan su vigencia a la fecha de publicación de esta ley, podrán obtener directamente las licencias profesionales clases A-3 y A-5.

Ley 20513,
Art. ÚNICO b)
D.O. 23.06.2011

En los casos aludidos en el inciso anterior, deberá acreditarse haber aprobado un curso de capacitación en la forma que determine el Ministerio de Transportes y Telecomunicaciones.

Rectificación 167,
D.O. 09.07.2011

Artículo 6º.- Durante el primer año de vigencia de la presente ley, no será exigible a los conductores de los vehículos empleados por el Servicio de Seguridad, Salvamento y Extinción de Incendios de la Dirección General de Aeronáutica Civil, el contar con la licencia especial Clase F.

Ley 21579
Art. único N° 1
D.O. 16.06.2023

Ley 21416
Art. único N° 5
D.O. 14.02.2022

Artículo 7°.- Prorrógase por dos años, contados desde la fecha de vencimiento consignada en el documento, la vigencia de todas las licencias de conductor cuyo control correspondía realizar originalmente durante el año 2022.

Ley 21579
Art. único N° 2
D.O. 16.06.2023

Prorrógase por un año, contado desde la fecha de vencimiento consignada en el documento, la vigencia de todas las licencias de conductor cuyo control corresponda realizar originalmente durante los años 2023 y 2024.

Las licencias no profesionales clase B, C o especiales cuyo control corresponda realizar originalmente durante los años 2020, 2021, 2022, 2023 y 2024, se renovarán por el plazo que resta conforme lo establecido en el artículo 19, contado desde la fecha de vencimiento consignada en el documento. Para el caso de las licencias profesionales y aquellas que se hayan otorgado conforme al inciso final del artículo 22, su renovación se otorgará por el término que corresponda de acuerdo a las reglas generales.

Tómese razón, regístrese, comuníquese y publíquese.- MICHELLE BACHELET JERIA, Presidenta de la República.- René Cortázar Sanz, Ministro de Transportes y Telecomunicaciones.- Carlos Maldonado Curti, Ministro de Justicia.

Lo que transcribo para su conocimiento.- Saluda a Ud. Gloria Montecinos L., Jefa Depto. Administrativo.

DECRETO 170

REGLAMENTO PARA EL OTORGAMIENTO DE LICENCIAS DE CONDUCTOR

MINISTERIO DE TRANSPORTES Y TELECOMUNICACIONES; SUBSECRETARIA DE TRANSPORTES

Promulgación: 12-DIC-1985

Publicación: 02-ENE-1986

Versión: Última Versión - 16-MAR-2020

Última modificación: 16-MAR-2020 - Decreto 96

Núm. 170.- Santiago, 12 de Diciembre de 1985.- Visto: lo dispuesto por los Artículos 9, 13 inciso final, 21 y 22 de la Ley de Tránsito; por la Ley N° 18.059, y por el DS N° 97, de 1984, del Ministerio de Transportes y Telecomunicaciones y teniendo presente las facultades que me confiere el Artículo 32, N° 8, de la Constitución Política de la República de Chile,

DECRETO:

Artículo 1°.- Para el otorgamiento de licencias de conductor las Municipalidades deberán cumplir con las disposiciones del presente Decreto.

Artículo 2°.- En la calificación de la idoneidad moral a que se refieren los artículos 13, N° 1; 14 y 15 de la Ley de Tránsito, se deberán considerar las condenas que registren los postulantes a licencia, por las siguientes causas;

DTO 121, TRANSPORTES
Art 2° N° 1 a)
D.O. 04.10.1999

1.- Por infracción a la ley 17.105, sobre Alcoholes, Bebidas Alcohólicas y Vinagres y a la ley 20.000, sobre Tráfico Ilícito de Estupefacientes y Sustancias Sicotrópicas;

DTO 121, TRANSPORTES
Art 2° N° 1 b)
D.O. 04.10.1999

2.- Por delitos o cuasidelitos para cuya perpetración se hubiere utilizado o conducido un vehículo;

Decreto 96, TRANSPORTES
Art. 2 N° 1
D.O. 16.03.2020

3.- Por delitos contra el orden de la familia, la moralidad pública, las personas, la propiedad y contra el orden o la seguridad pública;

DTO 121, TRANSPORTES
Art. 2° N° 1 c)
D.O. 04.10.1999

4.- Por el delito de conducir con licencia de conductor, boleta de citación o permiso provisorio judicial para conducir, falsos u obtenidos en contravención a la ley 18.290 o perteneciente a otra persona;

5.- Por conducir en estado de ebriedad o bajo la influencia del alcohol, drogas o estupefacientes;

6.- Por haber sido condenado como autor de cuasidelito de homicidio o de lesiones al conducir un vehículo;

7.- Por huir después de protagonizar un accidente de tránsito;

8.- Por haber facilitado su licencia a otra persona para conducir un vehículo; 9.- Por haber obtenido licencia valiéndose de cualquier engaño;

10.- Por conducir un vehículo para cuya conducción se requiere licencia profesional sin haberla obtenido; y

11.- Por conducir sin haber obtenido licencia de conductor.

DTO 121, TRANSPORTES
Art. 2° d) y e)
D.O. 04.10.1999

DTO 121, TRANSPORTES
Art. 2° f)
D.O. 04.10.1999

DTO 121, TRANSPORTES
Art. 2° g)
D.O. 04.10.1999

Artículo 3°.- Serán consideradas carentes de aptitudes para conducir vehículos motorizados las personas que presenten alteraciones físicas y síquicas, como las que se describen a continuación, sin perjuicio de las que no aprueben los exámenes que se establecen en el Artículo 4°.

I.- PARA TODO TIPO DE LICENCIAS

Decreto 74, TRANSPORTES
Art. ÚNICO a), 1
D.O. 02.03.2018

1.- Todas aquellas enfermedades que produzcan crisis de compromiso de conciencia, cualquiera que sea su causa sin perjuicio de lo dispuesto en el número 9.- de este título y 4 del Título II, siguiente;

Decreto 74, TRANSPORTES
Art. ÚNICO a), 2
D.O. 02.03.2018

2.- Todas aquellas enfermedades que produzcan movimientos involuntarios o una incapacidad de efectuar movimientos voluntarios que impidan actuar con la rapidez y precisión que la conducción, manejo o control físico de un vehículo requiera sin perjuicio de lo dispuesto en el número 6.- del Título II, siguiente;

Decreto 74, TRANSPORTES
Art. ÚNICO a),3,4,5
D.O. 02.03.2018

3.- Personas con defectos de tipo anatómico o funcional, que con la mejor corrección les imposibiliten la conducción, manejo o control físico de un vehículo, aunque sea especialmente adaptado a tales defectos.

4.- Insuficiencia respiratoria que haga requerir oxígeno en forma habitual; 5.- Insuficiencia cardíaca permanente grados III y IV;

6.- Angina inestable, de reposo o a esfuerzos mínimos;

7.- Hipertensión arterial mayor de 180 mmHg (sistólica) o mayor de 110 mmHg (diastólica), medida después de 5 minutos de reposo, en posición sentada con la extremidad superior apoyada en una mesa, a la altura del corazón; con un aparato calibrado, y usando un manguito acorde con las condiciones morfológicas del examinado;

8.- Cardiopatías congénitas que condicionan insuficiencia cardíaca con capacidad funcional III o IV, hipertensión pulmonar o arritmias que puedan producir compromiso de conciencia;

Decreto 74, TRANSPORTES
Art. ÚNICO a),6,7,8,9,10
D.O. 02.03.2018

9.- Alzheimer u otras demencias moderadas o severas;

10.- Cáncer, con performance status mayor o igual a 2, según el East Cooperative Oncology Group (Ecog);

11.- Diplopia no corregida;

12.- Toxicómanos (a drogas, alcohol o ambos) sin tratamiento, y aquellos que estándolo, no cuenten con la autorización del médico del Gabinete; y

13.- Personas que estén bajo los efectos de sustancias que produzcan uno o varios de los siguientes efectos: alteraciones en el nivel de conciencia, en la percepción, en la habilidad motriz, en la estabilidad emocional y en el juicio.

No obstante lo señalado precedentemente, se podrá otorgar licencia de conductor restringida, conforme al Art. 21° de la Ley de Tránsito, en el caso de postulantes a licencias no profesional Clase B y C que presenten el correspondiente informe del médico tratante, en que se certifique bajo su responsabilidad y acompañando los exámenes atinentes, que la deficiencia está compensada y que el postulante se encuentra en condiciones de salud normal y en control periódico.

DTO 112, TRANSPORTES
Art. único
D.O. 03.08.1988

DTO 121, TRANSPORTES
Art 2° N° 2 a)
D.O. 04.10.1999

II.- PARA LICENCIAS CLASE A1 y A2 OBTENIDAS ANTES DEL 8 DE MARZO DE 1997; PARA LICENCIA PROFESIONAL CLASE A1, A2, A3, A4 Y A5; Y LICENCIA NO PROFESIONAL CLASE C:

DTO 121, TRANSPORTES
Art 2° N° 2 b)
D.O. 04.10.1999

1.- Arritmias ventriculares o síncope cardioinhibitorio;

2.- Pacientes portadores de un desfibrilador cardíaco implantado; 3.- Diabetes mellitus tipo I;

4.- Alzheimer u otra demencia de cualquier severidad;

5.- Trastornos neuromusculares tales como: Esclerosis múltiple, Enfermedad de Parkinson y Distrofia Muscular Progresiva;

6.- Paresia de extremidad superior y/o inferior, o disfunción permanente del sistema musculoesquelético cuya gravedad impida la conducción segura;

7.- Amputaciones o ausencia congénita de una extremidad que limiten en forma permanente la prensión gruesa o la ejecución segura de maniobras de conducción;

8.- Anquilosis o movilidad dolorosa que limiten el rango de movimiento de tronco, cabeza o extremidades;

9.- Traumatismo Encéfalo-Craneano (TEC) secuelado con alteraciones funcionales crónicas, y

10.- Diplopia con o sin corrección.

Decreto 74
Art. ÚNICO b), 1,2,3,4,5,6
D.O. 02.03.2018

Artículo 3° bis.- El Ministerio de Transportes y Telecomunicaciones, en conjunto con el Ministerio de Salud, emitirán los instructivos técnicos para el apoyo a la gestión del médico del Gabinete Técnico Municipal y para el adecuado proceso de examinación de los postulantes a licencia de conductor.

Decreto 74, TRANSPORTES
Art. ÚNICO c)
D.O. 02.03.2018

Artículo 4°.- Las normas de aprobación de los exámenes sensométricos y sicométricos establecidos en el D.S. N° 97/84, del Ministerio de Transportes y Telecomunicaciones, Subsecretaría de Transportes, serán las siguientes:

DTO 329, TRANSPORTES
Art. único
D.O. 26.01.1995

A.- Exámenes Físicos (Sensométricos)

a.1 PARA LICENCIA CLASE A1 Y A2 OBTENIDAS ANTES DEL 8 DE MARZO DE 1997; PARA LICENCIA PROFESIONAL CLASE A1, A2, A3, A4 Y A5; PARA LICENCIA NO PROFESIONAL CLASE C; Y PARA LICENCIA ESPECIAL CLASE F:

DTO 121, TRANSPORTES
Art. 2° N° 3 a)
D.O. 04.10.1999

Examen	Norma de Aprobación
1.- Agudeza visual	Visión en ambos ojos 0.8 o más con la mejor corrección.
2.- Perimetría	Campo visual igual o superior a 70 grados para cada ojo en posición de mirada derecha al frente, tomando como referencia un punto de fijación.
3.- Visión de profundidad	- 4 aciertos en 5 pruebas al visualizar objetos, como desplazados en un mismo plano horizontal, con una separación de 4.0 cm desde la distancia establecida para el instrumento (retroproyectado), o bien, - 4 aciertos en 5 pruebas al alinear los objetos en el mismo plano horizontal con una tolerancia máxima de 4.0 cm. desde la distancia establecida para el instrumento (de visión directa), o bien, - 80% de aciertos en las figuras de la lámina de estereopsis, con balance muscular normal (Probador de Visión o Visión Tester).

Examen	Norma de Aprobación
4.- Visión Nocturna	Capacidad para distinguir figuras con valores de 35 o menos candelas (cd) de iluminación, en escala de 0 a 100 cd.
5.- Encandilamiento	Capacidad para distinguir figuras con valores de 45 o menos candelas (cd) de iluminación, en escala de 0 a 100 cd.
6.- Recuperación al encandilamiento	Máximo 5 segundos en recuperarse.
7.- Visión de colores	Reconocer permanentemente los colores rojo, verde y amarillo.
8.- Audiometría DTO 121, TRANSPORTES Art. 2° N° 3 b) D.O. 04.10.1999	Para licencia Clase A1 obtenida antes del 8 de marzo de 1997 y para licencia profesional Clase A1, A2 y A3: Como audición mínima un promedio de 40 decibeles (db) o menos, en las frecuencias de 500, 1.000 y 2.000 ciclos por segundo. Si el postulante no cumple esta norma deberá efectuársele un examen con Fonos Tipo TDH 39 o similar, en cuyo caso deberá tener una audición mínima de 40 db en el oído derecho en las frecuencias de 500, 1.000 y 2.000 ciclos por segundo, no importando la audición que registre el oído izquierdo. Para los efectos de esta norma se acepta la audición corregida. Para licencia Clase A2 obtenida antes del 8 de marzo de 1997; para licencia profesional Clase A4 y A5, y para licencias Clase C y F: Como audición mínima un promedio de 80 db o menos, en las frecuencias de 500, 1.000 y 2.000 ciclos por segundo. No obstante lo anterior, tratándose de licencia Clase A1 y A2 otorgadas antes del 8 de marzo de 1997, y licencia Clase C, si el postulante no aprueba esta norma deberá considerarse como deficiencia no grave.

a.2.- PARA LICENCIA CLASE B:

Examen	Norma de Aprobación
1.- Agudeza visual	0.6 o más binocular, con ambos ojos a la vez. No obstante lo anterior, tratándose de postulantes que padezcan una pérdida funcional total de la visión de un ojo o que utilice solamente uno, deberán poseer una agudeza visual de al menos 0.7 en el mejor o único ojo. Para los efectos de esta norma, se acepta la agudeza visual corregida. En todo caso, los postulantes que sin corrección posean una agudeza visual binocular de 0.6, o de 0.7 en el caso de visión monocular, deberán utilizar lentes correctores que aumenten su agudeza visual.
2.- Perimetría	Campo visual igual o superior a 120 grados en el plano horizontal en medición binocular, o con el mejor o único ojo en el caso de visión monocular.
3.- Visión de profundidad	- 3 aciertos o más en 5 pruebas de instrumento (retroproyectado o de visión directa), o - 60% de aciertos en las figuras de la lámina de estereopsis, con balance muscular normal (Probador de visión o visión tester). No obstante lo anterior, tratándose de personas con visión monocular, la no aprobación de esta norma se considerará como deficiencia no grave; en todo caso, y siempre que el médico lo considere necesario, podrá requerir exámenes especiales para comprobar si ha habido un período suficiente de adaptación de la visión del postulante.

Examen	Norma de Aprobación
4.- Visión nocturna	Capacidad para distinguir figuras con valores de 35 o menos candelas (cd) de iluminación, en escala de 0 a 100 cd.
5.- Encandilamiento	Capacidad para distinguir figuras con valores de 45 o menos candelas (cd) de iluminación, en escala de 0 a 100 cd.
6.- Recuperación al encandilamiento	Máximo 5 segundos en recuperarse.
7.- Visión de colores	Reconocer permanentemente los colores rojo, verde y amarillo.
8.- Audiometría	Como audición mínima un promedio de 80 decibeles o menos, en las frecuencias de 500, 1.000 y 2.000 ciclos por segundo. En todo caso, si el postulante no aprueba esta norma, deberá considerarse como deficiencia no grave.

a.3.- PARA LICENCIAS CLASE D Y E:

Examen	Norma de Aprobación
1.- Agudeza visual	0.5 o más binocular, con ambos ojos a la vez. No obstante, tratándose de postulantes que padezcan una pérdida funcional total de la visión de un ojo o que utilicen sólo uno, deberán poseer una agudeza visual de al menos 0.6 en el mejor o único ojo. Para los efectos de esta norma, se acepta la agudeza visual corregida. En todo caso, los postulantes que sin corrección posean una agudeza visual binocular de 0.5, o de 0.6 tratándose de monoculares, deberán utilizar lentes correctores que aumenten su agudeza visual.
2.- Audiometría	Una audición mínima, que permita al postulante relacionarse con el médico examinador.

B. Exámenes Síquicos (Sicométricos) PARA LICENCIAS CLASE A1 Y A2 OBTENIDAS ANTES DEL 8 DE MARZO DE 1997; PARA LICENCIA PROFESIONAL CLASE A1, A2, A3, A4 Y A5; PARA LICENCIA NO PROFESIONAL CLASE B Y C; Y ESPECIAL CLASE F:

Examen	Norma de Aprobación
1.- Tipos de reacción	- 0.43 segundos o menos, como promedio, en un mínimo de 10 estímulos (Reactímetro simple). - 6.20 segundos o menos como tiempo acumulado en 15 estímulos (Reactímetro compuesto).
2.- Coordinación motriz DTO 121, TRANSPORTES Art. 2º Nº 3 d) D.O. 04.10.1999	- 76 aciertos, como mínimo, en un ciclo de 100 puntos (Test punteado electrónico). - No inferior a 24 puntos positivos, 23 errores y un tiempo de permanencia positivo de 4 segundos, a 30 revoluciones por minuto durante 30 segundos (Test punteado electromecánico). - Igual o menos de 161 errores y 28 segundos de duración de los errores en un tiempo igual a 4.5 minutos como máximo (Test de manivela y palanca). - Igual o menos de 12 errores y 5 segundos de duración de los errores, en 60 segundos de duración del examen (Test de palanca). Tratándose de las licencias Clase A1 y A2 otorgadas antes del 8 de marzo de 1997, y licencias Clase B y C,la no aprobación de las normas de los numerales 1 y 2 precedentes se considerará como deficiencia no grave, siempre que el postulante presente un informe médico que certifique que la deficiencia está compensada y/o controlada con medicamentos que no interfieren el acto de la conducción.

No obstante en casos calificados y siempre que la deficiencia no sea grave, o atendida la edad y estado general del peticionario, se podrá otorgar licencia de conductor no profesional restringida, de acuerdo con lo establecido en el artículo 21 de la ley 18.290.

DTO 121, TRANSPORTES
Art. 2° N° 3 e)
D.O. 04.10.1999

Artículo 5°.- El médico del Gabinete Técnico firmará en el recuadro habilitado para tal efecto en la ficha resumen para el otorgamiento de licencia de conductor a que se refiere el Decreto Supremo N° 23 de 2000, del Ministerio de Transportes y Telecomunicaciones, sólo cuando el postulante haya rendido y aprobado los exámenes Sensométricos y Sicométricos, que correspondan.

Decreto 170, TRANSPORTES
Art. TERCERO
D.O. 24.02.2017

La calificación de la idoneidad síquica la efectuará el médico del Gabinete, sobre la base de los exámenes sicométricos cuando corresponda y de la respectiva entrevista, pudiendo solicitar información adicional sobre algunos aspectos no considerados en la pauta de entrevista, con el propósito de descartar dudas con respecto al estado de salud mental. Además, cuando el caso así lo requiera, el médico podrá solicitar exámenes especiales para determinar la aptitud síquica del postulante.

DTO 155, TRANSPORTES
Art. 2° d)
D.O. 05.08.1994

DTO 155, TRANSPORTES
Art. 2° e)
D.O. 05.08.1994

En caso de presentarse en el examinado, algunas de las carencias de aptitud para conducir vehículos motorizados, deberá dejarse constancia de ello en el espacio para observaciones de la ficha resumen.

Artículo 6°.- El Director del Departamento de Tránsito y Transporte Público otorgará la respectiva licencia al conductor, cuando en la ficha resumen de la licencia estén calificados como aprobados todos los exámenes que la ley establece.

En caso contrario deberá procederse de acuerdo a lo establecido en el Art. 21, de la Ley de Tránsito.

La fecha de otorgamiento de la licencia de conductor deberá corresponder al día en que se haya rendido el último examen.

Artículo 7°.- Los exámenes teóricos establecidos en el D.S. N° 97/84 antes referido, deberán contener el número de preguntas que indica el siguiente cuadro:

DTO 121, TRANSPORTES
Art 2° N° 4
D.O. 04.10.1999

DTO 160, TRANSPORTES
Art. 1° N° 1 a)
D.O. 05.08.2000

Decreto 216, TRANSPORTES
Art. 2 a)
D.O. 19.04.2013

N° de preguntas de:	Clase de Licencia			
	A1*	**A2***	**D**	**E**
Conocimientos legales y reglamentarios	10	10	7	5
Conducta vial	5	5	5	5
Conocimientos mecánica básica	3	3	-	-
Conocimientos mecánica diesel	2	2	-	-
Total preguntas	20	20	12	10

*Las clases de licencia A1 y A2 antes indicadas, se refieren a las licencias Clase A1 y A2 otorgadas antes del 8 de marzo de 1997.

Las preguntas antes indicadas deberán ser extraídas del Cuestionario Base elaborado por el Ministerio de Transportes y Telecomunicaciones para uso de las Municipalidades.

DTO 160, TRANSPORTES
Art. 1° N° 1 b)
D.O. 05.08.2000

Tratándose de postulantes a licencia de conductor profesional, junto a la acreditación de los conocimientos teóricos por medio de un certificado expedido por una Escuela de Conductores Profesionales reconocida oficialmente, éstos deberán rendir el examen de conocimientos teóricos de la conducción correspondiente a la clase de licencia profesional que se postula y de las disposiciones legales y reglamentarias que rigen al tránsito público, a través de un sistema informático administrado por el Ministerio de Transportes y Telecomunicaciones. Se entenderá por sistema informático para efectos del presente decreto, el conjunto de los programas computacionales que posibilitarán la rendición del examen teórico en los municipios. Los programas que residirán en cada municipio descargarán periódicamente los exámenes disponibles desde un servidor alojado para tal efecto en la Subsecretaría de Transportes. Esta aplicación informática alojada en el servidor será responsable de la generación de exámenes aleatorios a partir de un banco de preguntas cuya administración asume el Ministerio de Transportes y Telecomunicaciones.

Decreto 216, TRANSPORTES
Art. 2 b)
D.O. 19.04.2013

El examen para postulantes a licencia de conductor profesional constará de 20 preguntas aleatorias y se aprobará con un mínimo de 17 respuestas correctas.

Decreto 216, TRANSPORTES
Art. 2 c)
D.O. 19.04.2013

En el caso de postulantes a licencia especial Clase F, los conocimientos teóricos de conducción, así como de las disposiciones legales y reglamentarias que rigen el tránsito público, se acreditarán por medio de un certificado emitido por la respectiva institución en que conste la aprobación de los cursos institucionales que se impartan para el efecto.

Para postulantes a licencia Clase E, el examen de conocimientos teóricos de las disposiciones legales y reglamentarias que rigen el tránsito público necesariamente deberá comprender, a lo menos, una pregunta sobre tres señales de tránsito efectuada verbalmente, computándose la respuesta del postulante como correcta, sólo si las tres señales que constituyen una pregunta son respondidas acertadamente.

Tratándose de postulantes a licencias de conductor de las Clases B y C, el examen de conocimientos teóricos de la conducción y de las disposiciones legales y reglamentarias que rigen al tránsito público, será rendido a través del sistema informático a que se refiere el inciso tercero.

Decreto 216, TRANSPORTES
Art. 2 d)
D.O. 19.04.2013

El examen constará de 35 preguntas aleatorias, 3 de las cuales tendrán doble puntuación. La doble puntuación atenderá a materias vinculadas al consumo de alcohol, velocidad, casco protector, cinturón de seguridad y sistemas de retención infantil. El examen se aprobará obteniendo un mínimo de 33 puntos de un máximo de 38.

A petición del interesado, el examen teórico para postular a una licencia de conductor Clase B podrá ser rendido en idioma inglés, rigiéndose éste por las normas de los incisos 7° y 8° anteriores.

Decreto 208, TRANSPORTES
Art. 1
D.O. 16.04.2014

Si el interesado postula a una licencia de conductor Clase C para conducir triciclos motorizados de carga, deberá rendir un examen teórico simplificado, el cual contendrá 20 preguntas y se aprobará con un mínimo de 15 respuestas correctas; rigiéndose, además, por la norma del inciso 7° anterior.

Decreto 96, TRANSPORTES
Art. 2 N° 2
D.O. 16.03.2020

La puesta en marcha del examen teórico informatizado en los Gabinetes Técnicos Municipales deberá ser aprobada, mediante resolución, por el Secretario Regional Ministerial de Transportes y Telecomunicaciones competente, previa constatación de su funcionamiento.

Las municipalidades deberán aplicar el examen teórico informatizado, en caso contrario, el Ministerio de Transportes y Telecomunicaciones deberá suspender la autorización para otorgar las licencias de conductor Profesional Clases A y Clases B y C de acuerdo al artículo 9° de la Ley de Tránsito.

Decreto 216, TRANSPORTES
Art. 2 e)
D.O. 19.04.2013

Artículo 8°.- Las normas de aprobación de los exámenes teóricos serán las que se indican a continuación:

Decreto 216, TRANSPORTES
Art. 3 a)
D.O. 19.04.2013

Clase de Liencia	N° mínimo de respuestas correctas
A-1 otorgada antes del 8 de marzo de 1997	17 de 20
A-2 otorgada antes del 8 de marzo de 1997	16 de 20
Especial D	9 de 12
Especial E	7 de 10

En todo caso, para aprobar este examen no podrá tenerse más de dos respuestas incorrectas en el ítem de conocimientos legales y reglamentarios.

Decreto 216, TRANSPORTES
Art. 3 b)
D.O. 19.04.2013

Artículo 9°.- En los exámenes prácticos de conducción establecidos por el Decreto Supremo N° 97 de 1984, del Ministerio de Transportes y Telecomunicaciones, deberán controlarse las siguientes condiciones generales y conductas para las licencias de conductor que se indican:

DTO 155, TRANSPORTES
Art. 2° h)
D.O. 05.08.1994

I.- Condiciones Generales

A.- Para licencias Clase A1 y A2 obtenidas antes del 8 de marzo de 1997, y para las licencias profesionales Clase A1, A2, A3, A4 y A5:

Decreto 96, TRANSPORTES
Art. 2 N° 3 a)
D.O. 16.03.2020

1. Ingreso a la circulación.
2. Control de velocidad.
3. Llegada a una intersección.
4. Ingreso a una intersección.
5. Cambio de pista.
6. Uso de señalizadores.
7. Viraje a la derecha sin semáforo.
8. Viraje a la izquierda sin semáforo.
9. Separación con otros vehículos.
10. Adelantamiento y sobrepaso.
11. Viraje a la derecha con semáforo.
12. Viraje a la izquierda con semáforo.
13. Arranques reiterados con suavidad.
14. Cambio de sentido en espacio limitado.
15. Detenciones.
a) Detención con suavidad.
b) Detención al borde de la cuneta.
16. Estacionamiento en línea.
17. Salida de estacionamiento.
18. Circulación por un pasillo estrecho.

B.- Para la Licencia Clase C. El examen práctico de conducción destinado a la obtención de la licencia de conductor no profesional Clase C controlará, en dos etapas, las siguientes aptitudes del postulante para la conducción del vehículo que corresponda y de manera secuencial:

Decreto 96, TRANSPORTES
Art. 2 N° 3 b)
D.O. 16.03.2020

Etapa 1: Maniobras y comprobaciones en vehículo con motor apagado:
1.1. Identificación de documentos del vehículo;

1.2. Uso correcto del casco;
1.3. Identificación y activación de luces, bocina, señalizadores y frenos;
1.4. Desplazamiento junto con el vehículo en línea recta;
1.5. Desplazamiento junto con el vehículo en curva, evitando un obstáculo;
1.6. Desplazamiento junto con el vehículo en línea recta, y
1.7. Estacionar el vehículo sobre su soporte.

Etapa 2: Maniobras en vehículo con motor encendido:
2.1. Zigzag entre conos;
2.2. Desplazamiento en trayectoria curva formando figura de ocho;
2.3. Describir curvas y contracurvas sucesivas;
2.4. Circular en una franja recta en espacio reducido;
2.5. Frenado progresivo y detención en lugar establecido;
2.6. Circular en trayectoria recta evitando un obstáculo;
2.7. Describir una curva cerrada;
2.8. Circular en trayectoria recta, y
2.9. Frenado progresivo y detención en lugar establecido.

El postulante deberá realizar la totalidad de las maniobras N° s 2.6, 2.7, 2.8 y 2.9, en un tiempo máximo de treinta y cinco segundos.

Si el interesado desea obtener licencia de conductor Clase C, restringida para conducir triciclos motorizados de carga, deberá realizar la totalidad de las maniobras de la Etapa 1 y las maniobras N° s. 2.1, 2.4 y 2.5 de la Etapa 2.

La evaluación del examen práctico de conducción para obtener la licencia no profesional Clase C y para obtener la licencia de conductor no profesional Clase C para la conducción de triciclos motorizados de carga se realizará considerando los errores cometidos durante la conducción, los que se clasificarán en reprobatorios graves y leves, según se indica en el artículo 10 ter.

El postulante deberá ser evaluado en todas y cada una de las maniobras, comprobaciones y etapas del examen, salvo en el caso que el postulante cometa un error reprobatorio. En caso que el postulante no realice una de las maniobras, comprobaciones o etapas, el examen deberá ser reanudado desde dicha maniobra, comprobación o etapa no realizada.

Los exámenes prácticos de conducción establecidos por el decreto supremo N° 97 de 1984, del Ministerio de Transportes y Telecomunicaciones, no podrán realizarse si el vehículo no cumple con los requisitos legales y reglamentarios que permitan su circulación de manera segura. De la misma manera, el examen no podrá realizarse si el postulante no cumple con las reglamentaciones respecto del uso de elementos de seguridad no provistos por el vehículo. En estos casos, el examen deberá ser postergado hasta que sea posible acreditar el cumplimiento de los requisitos antes mencionados.

C.- Eliminada.

Decreto 96, TRANSPORTES
Art. 2 N° 3 c)
D.O. 16.03.2020

II.- Conductas

Para licencias Clase A1 y A2 obtenidas antes del 8 de marzo de 1997; para licencia profesional Clase A1, A2, A3, A4 y A5,

DTO 121, TRANSPORTES
Art. 2° N° 6 c)
D.O. 04.10.1999

Decreto 96, TRANSPORTES
Art. 2 N° 3 d)
D.O. 16.03.2020

1.- Comportamiento ante semáforo;
2.- Derecho preferente de paso ante vehículos;
3.- Derecho preferente de paso ante peatones;
4.- Comportamiento ante señales reglamentarias;
5.- Comportamiento ante señales preventivas;
6.- Comportamiento al ser adelantado o sobrepasado;
7.- Uso de bocina;
8.- Comportamiento ante señal Pare;
9.- Comportamiento ante señal Ceda el Paso, y
10.- Uso de cinturón de seguridad cuando corresponda según el tipo de vehículo.

El examen práctico para optar a licencia Clase D y E, deberá considerar aspectos generales de conducción según las características propias del vehículo que se emplee, tales como:

- Comportamiento vial, y
- Conocimientos generales de la circulación.

Las condiciones generales y conductas controladas en el examen práctico, deberán evaluarse como maniobras o acciones correctas o incorrectas.

Las condiciones generales y las conductas a controlar deberán ser dadas a conocer a los postulantes previo a la realización del examen.

En el caso de postulantes a licencia especial Clase F, los conocimientos prácticos de conducción se acreditarán por medio de un certificado emitido por la respectiva institución en que conste la aprobación de los cursos institucionales que se impartan al efecto.

DTO 121, TRANSPORTES
Art. 2° N° 6 d)
D.O. 04.10.1999

El examen práctico de conducción Clase B evaluará las aptitudes del postulante para la conducción de un vehículo motorizado, considerando los errores cometidos en la conducción, los que se clasifican en reprobatorios, graves y leves según se indica en el artículo 10° bis.

Decreto 105, TRANSPORTES
Art. 2 N° 1 d)
D.O. 30.09.2013

El municipio, al definir el recorrido para el examen práctico conducente a obtener la licencia de conductor, ya sea que se trate de una licencia profesional como no profesional deberá considerar las circunstancias que permitan evaluar el comportamiento del postulante ante un cruce peatonal, señal Pare, señal Ceda el Paso, semáforo y las habilidades para estacionar en forma longitudinal, transversal (aculatado) o en diagonal, en un lugar habilitado y con espacio suficiente para ejecutar la maniobra.

Decreto 96, TRANSPORTES
Art. 2 N° 3 e)
D.O. 16.03.2020

Artículo 10°.- Las normas de aprobación para el examen práctico de conducción serán las siguientes:

DTO 121, TRANSPORTES
Art. 2° N° 7 a)

D.O. 04.10.1999

Clase de Licencia	Nº mínimo de maniobras correctas
A1 otorgada antes del 8 de marzo de 1997	25 de 30
A2 otorgada antes del 8 de marzo de 1997	24 de 30

Decreto 105, TRANSPORTES
Art. 2 Nº 2
D.O. 30.09.2013

Clase de Licencia Profesional	Nº mínimo de maniobras correctas
A1	28 de 30
A2	28 de 30
A3	28 de 30
A4	28 de 30
A5	28 de 30

Decreto 96, TRANSPORTES
Art. 2 Nº 4
D.O. 16.03.2020

Para la licencia de conductor Clase D y E se deben evaluar las conductas del postulante referidas a su comportamiento como conductor y su conocimiento de las normas generales de conducción.

DTO 155, TRANSPORTES
Art. 2º j)
D.O. 05.08.1994

En todo caso, para aprobar este examen no podrá tenerse más de dos maniobras incorrectas en el ítem II.- Conductas.

DTO 121, TRANSPORTES
Art. 2º Nº 7 b)
D.O. 04.10.1999

Artículo 10º bis.- Para licencia de conductor No Profesional Clase B será causal de reprobación del examen práctico de conducción el incurrir o acumular, durante el desarrollo del examen, errores de acuerdo al siguiente criterio:

Decreto 105, TRANSPORTES
Art. 2 Nº 3
D.O. 30.09.2013

- Incurrir en un error reprobatorio. En este caso se dará por finalizado el examen sin necesidad de cumplir con el tiempo de duración mínima y kilometraje;
- Acumular dos errores graves o más;
- Acumular diez errores leves o más;
- Acumular a lo menos un error grave y cinco errores leves.

Son errores leves:

1. No identificar correctamente los documentos obligatorios para el tránsito de un vehículo, señalados en los artículos 51 y 89 de la Ley de Tránsito.
2. No ajustar espejos retrovisores y asiento antes de iniciar la marcha.
3. Insistir en la puesta en marcha con el motor encendido.

4. No desactivar freno de estacionamiento antes de iniciar la marcha.
5. Iniciar marcha con la puerta abierta o mal cerrada.
6. No dejar de señalizar una vez efectuado el cambio de pista.

Decreto 96, TRANSPORTES
Art. 2 N° 5
D.O. 16.03.2020

7. No señalizar virajes, incorporaciones a la circulación, salidas de la circulación o señalizarlas erróneamente.

8. No dejar de señalizar una vez efectuado un viraje, una incorporación o una salida de la circulación.

9. Subir a la cuneta o solera con alguna de las ruedas al virar.

10. Estacionar dejando una separación respecto a la cuneta mayor a 30 cm y/o una distancia inferior a 60 cm entre vehículos.

11. No activar freno de estacionamiento luego de finalizar el estacionamiento.

12. Subir, forzar o golpear fuertemente la cuneta o solera al estacionar.

13. No respetar líneas de pistas, bordes de calzada, líneas de detención demarcadas o imaginarias y achurados.

14. Circular en una relación de marcha no adecuada en función de la velocidad, el vehículo y las circunstancias del tránsito y la vía o circular con la caja de cambios en posición neutra.

15. Utilizar bocina sin motivo justificado o donde su uso esté prohibido.

16. No identificar los mandos del vehículo (limpiaparabrisas, luces, bocina).

17. Conducir de forma brusca o a saltos.

18. No observar el tráfico durante el examen.

19. No controlar el vehículo en vías con inclinación.

20. Detención del motor del vehículo durante la conducción por mal uso de embrague, freno, acelerador, sin obstaculizar el tránsito de otros usuarios de las vías.

21. No identificar los elementos de seguridad del vehículo: chaleco reflectante, extintor, triángulo reflectante y neumático de repuesto.

22. No detener el motor luego de finalizar el estacionamiento.

23. Realizar maniobra de retroceso donde no esté permitido.

24. Mantener pedal del embrague accionado mientras su uso no sea necesario.

25. Posicionarse incorrectamente sobre la calzada.

26. En una vía inclinada, no estacionar el vehículo con las ruedas delanteras giradas hacia la cuneta o la calzada, según se trate de bajada o subida, respectivamente.

Son errores graves:

Decreto 96, TRANSPORTES
Art. 2 N° 5
D.O. 16.03.2020

1. Realizar incorporación a la circulación, salida de la circulación, viraje o cambio de pista obstaculizando a los demás usuarios que cuentan con prioridad, sin generar riesgo de accidente.
2. No señalizar al cambiarse de pista o señalizar erróneamente.
3. Sobrepasar o adelantar en paso de peatones y cruces no regulados.
4. Adelantar generando riesgo para los vehículos que transitan en sentido contrario.
5. Ingresar a una intersección sin tener el espacio suficiente para no bloquear el cruce.
6. Abrir la puerta y descender del vehículo sin observar.
7. No respetar señal de prioridad "Ceda el Paso".

8. No respetar señales de prohibición, restricción y obligación.

9. Circular sin encender luces correspondientes cuando su uso sea obligatorio o necesario.

10. Confundir: embrague, freno, acelerador, según corresponda.

11. Soltar momentáneamente las dos manos del volante o conducir con una mano en el volante, excepto cuando sea necesario para realizar alguna acción propia de la conducción.

12. Conducir el vehículo contra el sentido del tránsito.

13. Circular sin mantener una distancia razonable y prudente respecto de otros usuarios de las vías.

14. No respetar el derecho preferente de paso de peatones, ciclistas y otros vehículos.

15. Detener o estacionar el vehículo donde no esté permitido.

16. Detención del motor del vehículo durante la conducción por mal uso de embrague, freno, acelerador, obstaculizando el tránsito de otros usuarios de las vías.

17. Adelantar en zonas donde no esté permitida esta maniobra.

18. Conducir a una velocidad que interfiere con el tránsito normal de otros vehículos.

19. Demorar más de tres minutos en ejecutar la maniobra de estacionamiento.

20. Mojar a peatones o ciclistas.

21. Realizar viraje desde una pista en la que no esté permitido este movimiento.

Son errores reprobatorios:

Decreto 96, TRANSPORTES
Art. 2 N° 5
D.O. 16.03.2020

1. No usar cinturón de seguridad (conductor y pasajeros). Poner en movimiento el vehículo sin que todos los ocupantes de éste utilicen el cinturón de seguridad correctamente.

2. Realizar incorporación a la circulación, salida de la circulación, viraje o cambio de pista obligando a que los usuarios con prioridad modifiquen su trayectoria, generando riesgo de accidente.

3. No detenerse ante una luz roja o señal de prioridad "Pare".

4. Golpear con el vehículo a personas, animales, vehículos u otros elementos.

5. Sobrepasar la velocidad máxima permitida en la vía.

6. Desobedecer las señales u órdenes de tránsito de un integrante de Carabineros.

7. Manipular elementos electrónicos como teléfonos celulares, dispositivos de geolocalización, radio, y otros similares que generen distracción al postulante a conductor durante el examen.

Artículo 10° ter.- Para la obtención de la licencia de conductor No Profesional Clase C será causal de reprobación del examen práctico de conducción el incurrir o acumular, durante el desarrollo del examen, errores de acuerdo al siguiente criterio:

Decreto 96, TRANSPORTES
Art. 2 N° 6
D.O. 16.03.2020

- Incurrir en un error reprobatorio. En este caso se dará por finalizado el examen sin necesidad de cumplir con las maniobras del circuito restantes;
- Acumular dos errores graves o más;
- Acumular seis errores leves o más;
- Acumular un error grave y a lo menos tres errores leves. Son errores leves:

1. No identificar correctamente los documentos obligatorios para el tránsito de un vehículo, señalados en los artículos 51 y 89 del decreto con fuerza de ley N° 1, de 2007, de Transportes y Justicia, que fija el texto refundido, coordinado y sistematizado de la Ley de Tránsito.

2. No ser capaz de colocar el vehículo que se permita conducir con licencia Clase C no restringida o restringida, según corresponda, sobre el soporte o dejarla caer al intentarlo.

3. No ajustar espejos retrovisores antes de iniciar por primera vez la conducción del examen.

4. Insistir en la puesta en marcha con el motor encendido.

5. No adoptar la postura correcta en el vehículo.

6. Topar, botar o mover un elemento señalizador del circuito de su posición original.

7. Apoyar uno o ambos pies en el suelo durante la conducción.

8. No seguir la trayectoria establecida en el circuito.

9. Sobrepasar en no más de cinco segundos el tiempo establecido para las maniobras 2.6, 2.7, 2.8 y 2.9 de la etapa 2.

10. Detención del motor durante la conducción por mal manejo de los controles del vehículo (embrague, freno, acelerador).

11. Detenerse posicionando la rueda delantera del vehículo que se permita conducir con licencia Clase C no restringida o restringida, según corresponda, a uno o más metros antes del lugar establecido para ello en el circuito.

Son errores graves:

1. No identificar los mandos del vehículo: luces, señalizadores y bocina.

2. Caída del postulante y/o del vehículo en etapa 1.

3. No recoger el soporte del vehículo al iniciar la marcha en la primera conducción del examen.

4. Circular sin encender las luces correspondientes.

5. Sobrepasar en más de cinco segundos y no más de diez segundos, el tiempo establecido para las maniobras 2.6, 2.7, 2.8 y 2.9 de la etapa 2.

6. Soltar momentáneamente una o ambas manos del manillar (manubrio).

Son errores reprobatorios:

1. No usar el casco o no abrocharlo o ajustarlo incorrectamente.

2. Caída del postulante y/o del vehículo en etapa 2.

3. No detenerse o hacerlo posicionando la rueda delantera del vehículo a más de 50 centímetros del lugar establecido para ello en el circuito.

4. Sobrepasar en más de diez segundos el tiempo establecido para las maniobras 2.6, 2.7, 2.8 y 2.9 de la etapa 2.

5. Golpear a personas, animales o a otros vehículos con el vehículo.

6. Manipular elementos electrónicos como teléfonos celulares, dispositivos de geolocalización y otros similares que generen distracción al postulante a conductor durante el examen.

Artículo 11°.- Para calificarse los requisitos a que se refiere el artículo 13, de la Ley de Tránsito, los postulantes a licencia de conductor deberán aprobar los correspondientes exámenes físico, síquico, teórico y práctico.

DTO 121, TRANSPORTES
Art. 2 N° 8 a)
D.O. 04.10.1999

Además de las causales de los artículos 13, 14 y 14 bis. de dicha Ley, no se concederá licencia a quien no acredite, mediante los exámenes referidos, su idoneidad física y síquica y los conocimientos teóricos y prácticos respectivos.

DTO 121, TRANSPORTES
Art. 2° N° 8 b)
D.O. 04.10.1999

No obstante, antes de resolverse en definitiva sobre la concesión de la licencia requerida, el médico podrá reexaminar por una vez más al postulante rechazado en un primer examen, en un plazo que determinará. Por su parte, el interesado podrá repetir por una vez, en su caso, sus exámenes teórico y práctico, en un plazo no superior a veinticinco días hábiles del primero. El proceso antes señalado resultará también aplicable cada vez que se presente una nueva solicitud luego de haberse denegado la concesión de la licencia por causas susceptibles de ser solucionadas, según los términos dispuestos en el artículo 17 del decreto con fuerza de ley N° 1, de 2007, de Transportes y Justicia, que fija el texto refundido, coordinado y sistematizado de la Ley de Tránsito.

DTO 18, TRANSPORTES
Art. 2°, N° 3
D.O. 13.04.1987

Decreto 84, TRANSPORTES
Art. 2, c)
D.O. 09.08.2012

Siempre deberán realizarse todos los exámenes correspondientes para las evaluaciones físicas y síquicas, no obstante haber sido reprobado el postulante en alguna de ellas.

Decreto 96, TRANSPORTES
Art. 2 N° 7 a)
D.O. 16.03.2020

Los exámenes teóricos serán eliminatorios y, por consiguiente, los postulantes reprobados no serán admitidos al examen práctico. Asimismo, quienes no sean aprobados en los exámenes físico-síquico no serán admitidos al examen práctico.

Durante la realización de los exámenes que verifican idoneidad física y síquica y conocimientos teóricos y prácticos, no se permitirá la utilización de teléfonos móviles o cualquier otro sistema de intercomunicación, ni la de equipos, aparatos, o sistemas de captación, grabación, recepción o transmisión de datos o información, ni de manuales ni documentos impresos.

Decreto 96, TRANSPORTES
Art. 2 N° 7 b)
D.O. 16.03.2020

Pasados los plazos de reexamen sin la concurrencia del postulante, si persiste la reprobación o si el postulante incumple lo establecido en el inciso anterior, deberá denegarse la concesión de licencia.

Decreto 96, TRANSPORTES
Art. 2 N° 7 c)
D.O. 16.03.2020

Artículo 12°.- Los Funcionarios municipales que evalúen exámenes prácticos de conducción, deberán cumplir las siguientes condiciones:

Decreto 105, TRANSPORTES

Art. 2 N° 4
D.O. 30.09.2013

a. Estar en posesión de la licencia de conductor Clase A1 o A2 obtenidas antes del 8 de marzo de 1997 o de una clase de licencia profesional, con al menos, 2 años de antigüedad. Dicha antigüedad no será exigible si se acredita haber poseído con anterioridad otra clase de licencia profesional durante al menos dos años;

b. Acreditar Cuarto Año de Enseñanza Media, o su equivalente;

c. Haber aprobado un programa de capacitación en materia de normativa y seguridad de tránsito de a lo menos, 45 horas cronológicas y uno de mecánica automotriz básica de al menos 10 horas cronológicas; impartidos por un organismo de capacitación debidamente reconocido por el Estado, y

Decreto 96, TRANSPORTES
Art. 2 N° 8 a)
D.O. 16.03.2020

d. Acreditar la aprobación de un curso de formación de examinadores, de a lo menos 60 horas cronológicas, impartido por un organismo de capacitación debidamente reconocido por el Estado.

Sin perjuicio de lo anteriormente señalado, los funcionarios municipales que evalúen los conocimientos prácticos de conducción deberán acreditar, cada 5 años, participación en cursos de capacitación que digan relación con materia de seguridad vial y transporte.

Los funcionarios municipales que practiquen los exámenes teóricos, deberán cumplir la condición establecida en la letra b) precedente.

Decreto 96, TRANSPORTES
Art. 2 N° 8 b)
D.O. 16.03.2020

Artículo 13°.- De acuerdo a lo establecido en el Art. 22° de la Ley de Tránsito, el Departamento de Tránsito y Transporte Público para el control numérico y nominativo de las licencias de conductor otorgadas o denegadas, deberán mantener actualizado un registro con, a lo menos, los siguientes datos: nombre y apellidos del conductor o postulante, número de su cédula de identidad con dígito verificador o número de licencia cuando corresponda; clase de licencia; fecha de otorgamiento y fecha de vencimiento o fecha de control de exámenes.

Tratándose de licencias profesionales, adicionalmente se deberá consignar el nombre de la Escuela de Conductores Profesionales en que el postulante efectuó el correspondiente curso y la fecha de expedición del certificado de aprobación.

DTO 121, TRANSPORTES
Art. 2° N° 10
D.O. 04.10.1999

Artículo 14°.- En los casos en que el conductor requiera exámenes de control, solicite cambio de clase, cambio de nombre o dirección, duplicado de licencia por destrucción parcial, deberá entregar al Departamento de Tránsito y Transporte Público la primitiva licencia de que estuviere en posesión. El mencionado Departamento cancelará y destruirá la licencia entregada y de ello dejará constancia en la Ficha Resumen respectiva. En estos casos, cuando procediere, se entregará el nuevo documento al interesado.

Tratándose de una solicitud de nuevo domicilio o de duplicado de una licencia, presentada ante una municipalidad distinta de la que otorgó la licencia primitiva, aquella requerirá de esta última copia de todos los antecedentes que obren en la carpeta del titular. Igual procedimiento se seguirá con ocasión de los exámenes a que se refiere el artículo 18° de la ley N° 18.290, o de una solicitud de cambio de clase de la licencia, si ésta presenta indicios de haber sido falsificada o adulterada.

DTO 252, TRANSPORTES
Art. único N° 1
D.O. 06.01.1992

Artículo 15°.- Además de lo señalado en el artículo 13° del presente decreto, los Departamentos de Tránsito y Transporte Público deberán mantener un archivo sobre la base de carpetas individuales, una por cada persona que hubiere solicitado ahí su licencia.

DTO 252, TRANSPORTES
Art. único N° 2
D.O. 06.01.1992

En cada carpeta deberán mantenerse los datos personales de los conductores o postulantes a conductor; el certificado de antecedentes; la ficha resumen de las licencias otorgadas; la cartilla de evaluación de los exámenes sensométrico, sicométrico, teórico y práctico de conducción, y todos los antecedentes relacionados con el otorgamiento o denegación de la licencia.

Deberá existir una relación entre el registro y el archivo sobre la base del número de la cédula de identidad con dígito verificador o al nombre de la persona, que permita obtener en la forma más rápida y oportuna los datos que se requieran en cualquier momento.

El archivador y el registro deberán permitir el resguardo fiel de los documentos y datos que en ellos consten.

El o los funcionarios encargados de realizar el proceso de evaluación de los conocimientos prácticos de conducción deberán ingresar al término de cada jornada de examinación, los resultados estadísticos obtenidos en las evaluaciones prácticas en el sistema informático que dispondrá para esos efectos el Ministerio de Transportes y Telecomunicaciones.

Decreto 105, TRANSPORTES
Art. 2 N° 5
D.O. 30.09.2013

Artículo 16°.- En la ficha resumen de la licencia de conductor, en el espacio marcado, deberá estamparse la huella dactilar del dígito pulgar de la mano derecha del conductor. En caso de imposibilidad física, se estampará la huella dactilar de otro dedo dejándose constancia de ello en la ficha resumen. Además, se deberá adherir o imprimir la fotografía reglamentaria del postulante en el lugar correspondiente.

DTO 121, TRANSPORTES
Art. 2° N° 11
D.O. 04.10.1999

Artículo 17°.- Modifícase el Art. 5° del Decreto Supremo N° 97/84 del Ministerio de Transportes y Telecomunicaciones, en los siguientes términos:

1.- Sustitúyense en la letra A, N° 7, las expresiones "de Devorine" por: que incluyan láminas con colores puros, rojo, verde y amarillo".

2.- Elimínanse en la letra A, N° 8, las expresiones "de campo abierto" e "y Resonador de Barany", sustituyéndose la coma final por un punto.

3.- Elimínanse en la letra B, N° 2, las expresiones "de Lahy", y a continuación de "Test de Manivela y Palanca" agrégase el término "o Palanca".

Artículo 18°.- Sustitúyese el Art. 9°, del DS N° 97/84, del Ministerio de Transportes y Telecomunicaciones, por el siguiente:

"Las fotografías para la licencia de conductor y ficha resumen, serán del tipo carnet, nítidas, a color, con fondo de color blanco, de 40 mm. de alto por 30 mm. de ancho, con nombres y apellidos de la persona, y número de su cédula de identidad. En el caso que el postulante o conductor deba usar lentes para conducir, en la fotografía deberá figurar con dichos elementos.

Las fotografías que entregue el postulante, podrá obtenerlas en un estudio privado, las que deberán ser siempre recibidas por la Municipalidad respectiva si cumplen los requisitos establecidos.

Para el proceso de confección de la licencia de conductor, la Municipalidad deberá tener una máquina termolaminadora y una guillotina o elemento equivalente.

El proceso de plastificación de la licencia con la máquina termolaminadora es obligatorio efectuarlo en el Departamento de Tránsito y Transporte Público, con personal municipal.

En el proceso administrativo del otorgamiento de licencia de conductor deberá participar solamente personal municipal, con responsabilidad funcionaria".

Artículo 19°.- No obstante lo dispuesto en los artículos anteriores, podrán otorgarse licencias que habiliten sólo para conducir un determinado vehículo, o restringida a horarios o áreas geográficas determinadas.

En caso que el interesado presente deformaciones físicas, que se superen con adaptaciones especiales fijas del vehículo que lo habiliten para conducirlo en forma satisfactoria, podrá otorgarse la licencia correspondiente para conducir exclusivamente dicho vehículo, previa revisión de éste y comprobada que sea su conducción por el interesado, sin perjuicio de que éste se someta a todos los exámenes y demás exigencias de orden general requeridas para el otorgamiento de la licencia.

Artículo transitorio.- Sin perjuicio de lo establecido en el Art. 4, letra A, N° 1, durante un año contado desde la fecha de vigencia de este Decreto, en el caso que el postulante presente una agudeza visual inferior a la de la norma establecida para este examen, pero superior a 0.5 en el ojo peor dotado con la mejor corrección, podrá otorgarse licencia por 6 meses, conforme a lo establecido por el Art. 21 de la Ley de Tránsito.

Artículo transitorio bis.

DTO 121, TRANSPORTES
Art. 2° N° 12
D.O. 04.10.1999

DTO 160, TRANSPORTES
Art. 1° N° 3
D.O. 05.08.2000

a) No obstante la norma de aprobación establecida en el artículo 8°, tratándose de postulantes a licencias No Profesional clases B y C, los exámenes de conocimientos teóricos que rindan con anterioridad al 1 de julio del año 2001 se aprobarán con un mínimo de 25 preguntas respondidas correctamente.

b) Los funcionarios municipales que, cumpliendo los requisitos establecidos en el artículo 12°, letras a) y b), de este decreto, no hayan efectuado la capacitación

a que se refiere la letra c), podrán continuar realizando los exámenes prácticos de conducción por el plazo de seis meses, a contar de la fecha de publicación del presente decreto.

c) Tratándose de licencias de conductor clase A1 y A2 otorgadas al amparo de lo dispuesto en el artículo 3° transitorio de la ley 19.495, se aplicarán los mismos exámenes y las mismas normas de aprobación que se establecen para las licencias clase A1 y A2 otorgadas antes del 8 de marzo de 1997 en los artículos 4° y siguientes del presente decreto.

Anótese, tómese razón y publíquese.- Por orden del Presidente de la República, Enrique Escobar Rodríguez, General de Aviación, Ministro de Transportes y Telecomunicaciones.

Lo que transcribo para su conocimiento.- Saluda a Ud.- Patricia Muñoz Villela, Jefe Administrativo.

DECRETO 13 | APRUEBA REGLAMENTO QUE ESTABLECE LAS CARACTERÍSTICAS DEL GRABADO DE LAS LETRAS Y DÍGITOS DE LA PLACA PATENTE ÚNICA EN LOS VIDRIOS Y ESPEJOS LATERALES DE LOS VEHÍCULOS MOTORIZADOS

Núm. 13.- Santiago, 7 de marzo de 2024.

Visto:

Lo dispuesto en el artículo 32 N° 6, del decreto supremo N° 100, de 2005, del Ministerio Secretaría General de la Presidencia, que fija el texto refundido, coordinado y sistematizado de la Constitución Política de la República de Chile; en el decreto con fuerza de ley N° 1, de 2007, de los Ministerios de Transportes y Telecomunicaciones y Justicia, que fija el texto refundido, coordinado y sistematizado de la Ley de Tránsito; en la ley N° 21.601, que modifica la Ley de Tránsito para prevenir la venta de vehículos motorizados robados y sancionar las conductas que indica; en el decreto con fuerza de ley N° 1/19.653, de 2000, del Ministerio Secretaría General de la Presidencia, que fija el texto refundido, coordinado y sistematizado de la ley N° 18.575, Orgánica Constitucional de Bases Generales de la Administración del Estado; en la ley N° 19.880, que establece Bases de los Procedimientos Administrativos que rigen los Actos de los Órganos de la Administración del Estado; en el decreto ley N° 557, de 1974, del Ministerio del Interior, que creó el Ministerio de Transportes; en la ley N° 18.059, que asigna al Ministerio de Transportes y Telecomunicaciones el carácter de organismo rector nacional de tránsito y le señala atribuciones; en el decreto con fuerza de ley N° 343, de 1953, del Ministerio de Hacienda, que determina organización y atribuciones de la Subsecretaría de Transportes; en el decreto con fuerza de ley N° 279, de 1960, del Ministerio de Hacienda, que fija normas sobre atribuciones del Ministerio de Economía en materia de transportes y reestructuración de la Subsecretaría de Transportes; en el decreto supremo N° 156, de 1990, del Ministerio de Transportes y Telecomunicaciones, que reglamenta revisiones técnicas y la autorización y funcionamiento de las plantas revisoras; en la resolución N° 7, de 2019, de la Contraloría General de la República, que fija normas sobre exención del trámite de toma de razón; y en las demás normas aplicables.

Considerando:

1° Que, el decreto con fuerza de ley N° 1/19.653, citado en los vistos, dispone en su artículo 3° que el ejercicio de las funciones públicas debe orientarse a la promoción del bien común, atendiendo las necesidades públicas en forma continua y permanente, fomentando el desarrollo del país a través del ejercicio de las atribuciones que le confiere la Constitución Política de la República y la ley.

2° Que, el legislador ha entregado al Ministerio de Transportes y Telecomunicaciones una serie de competencias, dentro de las que destaca el rol de órgano rector nacional del tránsito, dispuesto por la ley N° 18.059, citada en los vistos.

3° Que, con fecha 11 de septiembre de 2023, se publicó en el Diario Oficial la ley N° 21.601, que modifica la Ley de Tránsito para prevenir la venta de vehículos motorizados robados y sancionar las conductas que indica.

4° Que, la citada ley N° 21.601, ha incorporado un nuevo inciso final al artículo 62 del decreto con fuerza de ley N° 1, de 2007, de los Ministerios de Transportes y Telecomunicaciones y Justicia, que fija el texto refundido, coordinado y sistematizado de la Ley de Tránsito, en adelante Ley de Tránsito, que señala que "Los vehículos motorizados deberán contar con su placa patente única grabada, de forma permanente, en sus vidrios y espejos laterales. Un reglamento del Ministerio de Transportes y Telecomunicaciones deberá establecer las características de este grabado.".

5° Que, en consideración a lo indicado precedentemente, se establecen las características del grabado de la placa patente única con que deberán contar los vehículos motorizados en sus vidrios y espejos laterales.

Decreto:

Apruébase el siguiente reglamento que establece las características del grabado de las letras y dígitos de la placa patente única en los vidrios y espejos laterales de los vehículos motorizados:

Artículo 1°.- El presente reglamento tiene por objeto establecer las características del grabado de la placa patente única con que deberán contar los vehículos motorizados en sus vidrios, consistentes en vidrios laterales, parabrisas y luneta trasera, y espejos laterales, para transitar por el territorio de la República.

La obligación de grabado de la placa patente única no será exigible a aquellos vehículos señalados en el artículo 54 de la Ley de Tránsito y respecto de aquellos vehículos considerados como antiguos o históricos de acuerdo a lo dispuesto en el título XIX de la misma ley.

Artículo 2°.- El grabado de las letras y dígitos correspondientes a la placa patente única del vehículo deberá cumplir con las siguientes características:

a. Las letras y dígitos en los vidrios deben tener entre 7 y 10 mm de altura, un ancho y un espesor de trazo acorde al tipo y altura de las letras y dígitos, de estilo normal, sin cursiva ni negrita. En cuanto a las letras, además, estas deben ser mayúsculas.

b. Las letras y dígitos en los espejos laterales deben tener entre 5 y 10 mm de altura, un ancho y un espesor de trazo acorde al tipo y altura de las letras y dígitos, de estilo normal, sin cursiva ni negrita. En cuanto a las letras, además, estas deben ser mayúsculas.

c. Las letras y dígitos deberán grabarse siguiendo la superficie del vidrio o del espejo lateral, de manera tal que su lectura horizontal, para un observador externo al vehículo, sea de izquierda a derecha.

d. El grabado debe ser permanente, entendiéndose como tal aquel que se realiza desgastando la superficie del vidrio y espejo lateral, de forma tal que no pueda ser borrado.

e. En los vidrios laterales ubicados al costado del conductor el grabado se efectuará en el vértice inferior derecho desde el punto de vista de un observador externo y en aquellos ubicados al costado del acompañante se realizará en el vértice inferior izquierdo desde el punto de vista de un observador externo. En ambos casos, el grabado de la placa patente única se realizará sin obstaculizar la lectura de otra información obligatoria que pueda ubicarse en esa zona.

f. En el parabrisas el grabado deberá efectuarse en el vértice inferior derecho desde el punto de vista de un observador externo, sin obstaculizar la lectura u ocultar el Vehicle Identification Number (VIN) con que cuentan algunos vehículos en dicha zona, o cualquier otro elemento obligatorio que deba exhibirse en el parabrisas.

g. En la luneta trasera el grabado se efectuará en el vértice inferior izquierdo desde la perspectiva de un observador externo, sin obstaculizar la lectura de otra información obligatoria que pueda ubicarse en esa zona.

h. En los espejos laterales cuya forma sea o se aproxime a un cuadrado o a un rectángulo el grabado se realizará siguiendo el borde de sus lados paralelos al suelo, de la forma más próxima a dicho borde. En los espejos laterales cuya forma sea circular u ovalada, el grabado se realizará de forma paralela al suelo, en una línea que une los puntos donde las letras y dígitos tocan el borde curvo del espejo (ver figura siguiente). En ambos casos el grabado puede realizarse en la parte superior o inferior y no debe interferir con su función.

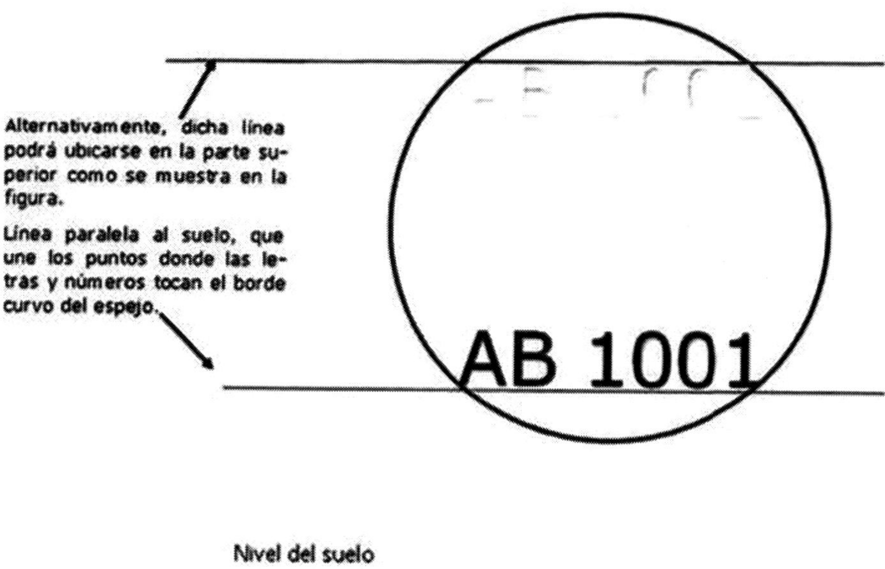

Artículo 3°.- En los vehículos motorizados que tengan más de seis vidrios, considerando la suma de los vidrios laterales, parabrisas y luneta trasera, se deberán grabar como mínimo seis, debiendo ser uno de ellos el parabrisas y los restantes, los de mayor superficie. En el caso de los vehículos motorizados que tengan seis o menos vidrios, se grabarán todos ellos.

Artículo 4°.- Los vehículos comercializados con anterioridad a la publicación del presente reglamento, cuyos vidrios y espejos laterales se encuentren grabados, estarán eximidos de lo dispuesto en el artículo 2° de este decreto; siempre que el grabado con el que cuenten sea permanente y permita la íntegra y correcta identificación de cada uno de los dígitos y letras de la placa patente grabada.

Artículo 5°.- El cumplimiento de las obligaciones dispuestas por el presente reglamento será verificado en las revisiones técnicas que deban practicarse a los vehículos, a contar de la fecha en que la obligación de grabado de las letras y dígitos de la placa patente única se haga exigible, según se indica en el artículo único transitorio del presente decreto.

A la misma revisión quedarán sujetos aquellos vehículos en los cuales se grabe voluntariamente la placa patente única, en vidrios adicionales a los exigidos en este reglamento.

En ambos casos, deberá verificarse al momento de la revisión técnica la concordancia entre el grabado y las letras y dígitos indicados en la placa patente única y los demás documentos identificatorios del vehículo.

Lo anterior, sin perjuicio de las fiscalizaciones que efectúen Carabineros de Chile, inspectores fiscales y municipales, en conformidad al artículo 4° de la Ley de Tránsito.

Artículo 6°.- Los vehículos motorizados que tengan la obligación de pintar su placa patente única en puertas y/o techo, sólo deberán grabar las letras y dígitos de la placa patente única en el parabrisas y espejos laterales.

DISPOSICIÓN TRANSITORIA

Artículo único.- La obligación de grabar la placa patente única en los vidrios y espejos laterales de los vehículos motorizados será exigible una vez que hayan transcurrido los plazos que se indican a continuación, de acuerdo a lo dispuesto por el artículo segundo transitorio de la ley N° 21.601:

a) Vehículos nuevos: desde el cuarto mes de publicado el presente decreto en el Diario Oficial. No se considerarán vehículos nuevos para efectos de este reglamento aquellos comercializados entre el 11 de septiembre de 2023 y hasta el tercer mes contado desde la publicación del presente decreto en el Diario Oficial, a los que les resultará aplicable el plazo establecido en la letra b) del presente artículo.

b) Vehículos comercializados de forma previa al 11 de septiembre de 2023: transcurridos doce meses desde la publicación del presente decreto en el Diario Oficial.

Anótese, tómese razón y publíquese.- GABRIEL BORIC FONT, Presidente de la República.- Juan Carlos Muñoz Abogabir, Ministro de Transportes y Telecomunicaciones.

Lo que transcribo a Ud. para su conocimiento.- Saluda atentamente a Ud., Jorge Antonio Daza Lobos, Subsecretario de Transportes.

ÍNDICE DE VOCES

I

L

M

N

P

R

S

T

U

V

Z